Knock! Knock!

우리 아이의
수학적 잠재력을 깨워주는 창의력
수학

노크

B2

스포츠로
배우는 수학

# 이 책을 보시는 부모님들께

머리가 좋아야 수학을 잘 한다는 말이 있습니다. 또, 수학을 잘 못하는 아이는 아빠, 엄마의 머리를 물려받아서 그렇다는 등의 난데없는 유전자 논쟁이 벌어지기도 합니다. 하지만 많은 사람들의 일반적인 생각과는 달리 이는 근거없는 이야기입니다. 외국의 한 연구 기관에서 언어, 사회, 수학, 과학의 네 가지 분야 중 어떤 것이 아동의 선천적 재능에 영향을 받는지 조사한 연구 결과를 발표했는데 일반적인 예상과는 다르게 선천적 재능에 영향을 받는 순서는 사회, 언어, 과학, 수학 순이었습니다. 다시 말해, 수학은 여러 학문 분야 중 선천적인 재능보다는 후천적인 환경이나 교육자, 학습자의 노력에 가장 큰 영향을 받는 학문이라 볼 수 있습니다. 수학의 가장 기본이 되는 '수 영역'의 예를 들어 보겠습니다. 아이들이 수를 처음 접하는 시기의 차이는 있지만 실제 수에 대한 감각과 수를 다루는 연습은 생활 속에서의 체험이나 다양한 활동, 학습 속에서 이루어집니다. 즉, 수학의 가장 기본이 되는 수는 선천적으로 가진 재능과는 거의 연관이 없으며 자라나면서 어떤 환경에 놓이는지, 얼마나 많이 수를 생각할 수 있는 기회가 있는지, 나이에 맞는 올바른 학습을 만날 수 있는지에 좌우됩니다. 그러므로 아이의 수학적 발달에 문제가 있다면, 그 아이가 누구를 닮아서 그런지, 지능이 떨어지는지를 따질 것이 아니라 수학적 힘을 기를 수 있는 학습 환경을 어떻게 만들어줄 것인가를 고민해야 합니다.

국제영재교육연구소의 랜즐리 소장은 영재의 기준을 마련하기 위해 여러 연구를 시행한 결과, 영재의 공통적인 특징들을 발견하였습니다. 첫째는 115 이상의 지능지수(IQ), 둘째는 창의력(Creativity), 셋째는 동기적 요소라고 부르는 끈질긴 근성과 과제집착력이었습니다. 이들 세 가지 요소 역시 선천적으로 타고 나는 부분도 물론 있겠지만 대부분 후천적인 학습이나 교육 활동을 통해 기를 수 있는 능력이라는 데에 이의를 제기하기는 힘듭니다.

이처럼 수학적 능력은 후천적 학습 환경에 주로 좌우되며, 특히 어린 시절에는 그러한 경향이 더더욱 두드러집니다. 하지만 우리의 아이들을 둘러싼 수학적 환경을 다시 한 번 돌아봅시다. 초등학교를 들어가기 전부터 과도한 학습량과 무의미한 반복 활동, 이후의 수학 학습에 오히려 방해가 될 정도로 무리한 선행 학습 등의 환경은 아이의 수학적 힘을 길러주기보다는 수학에서 가장 중요한 창의적 사고력을 기를 수 있는 기회를 박탈함과 동시에 수학에 대한 흥미를 급속하게 떨어뜨리게 하여 수학으로 문제를 해결하려는 의지, 즉 수학적 동기를 스스로에게 부여하는 것을 불가능하게 만들어 버립니다. 중요한 것은 남들보다 먼저, 그리고 더 많이 수학적 지식을 머리 속에 주입하는 것이 아니라 태어나서부터 누구나 가지고 있는 수학에 대한 관심, 그리고 수학으로 생각하는 힘을 일깨워주는 것입니다.

## 수학을 잘할 수 있는 힘,

수학적 잠재력은 이미 여러분 아이들의 머릿 속에 줄곧 있어왔습니다. 단지 어떤 아이는 그것을 찾아내어 드러낼 수 있었고, 어떤 아이는 꼭꼭 숨긴 채 평생 드러나지 않을 뿐입니다. 이러한 수학적 잠재력에 대한 참신한 자극 – 생각을 두드리는 '노크'를 제안하려 합니다. '노크'는 수학적 지식과 스킬만을 무리하게 밀어넣지 않습니다. 왜 수학을 해야 하고, 어떻게 수학으로 가능한지 끊임없이 스스로 생각하게하는 계기로서의 활동이 되려 합니다. 일상으로부터 괴리된 학문으로서의 수학이 아닌, 삶을 살아가며 반드시 키워야 할 논리적, 합리적 사고력을 기를 수 있는 누구에게나 가장 중요한 경쟁력으로서의 수학을 주장합니다. '노크'야말로 새로운 수학 학습의 길을 보여주는 방향타가 될 것입니다.

한 현 조

# 이 책의
# 구성과 특징

## ❄ 흥미로운 단원 도입

### 테마 Story

● 이야기의 주제와 단원 내용을 소개함으로써 학습 내용에 흥미를 가질 수 있도록 합니다.

● 단원과 관련된 그림과 질문을 통해 배울 내용을 미리 생각해 볼 수 있습니다.

### 수학 이야기

● 재미있는 이야기를 통해 학습 주제에 대한 흥미와 관심을 높일 수 있습니다.

● 과학, 예술, 역사, 수학사, 실생활 등 다양한 이야기를 수학적 개념과 관련지어 수학의 가치와 필요성을 느낄 수 있도록 합니다.

## ❄ 창의적인 내용 전개

### 💡 생각 열기

● 수학적 개념, 원리, 법칙을 자유로운 생각과 다양한 활동을 통해 발견할 수 있도록 합니다.

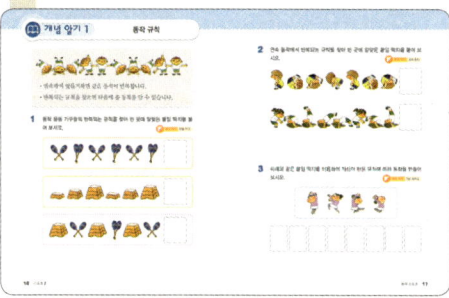

### 📖 개념 알기

● 단원별 4개의 소주제를 제시하였고, 학습 목표를 쉽게 이해할 수 있도록 설명해 놓았습니다.

● 기본 유형 문제와 간단한 응용 문제로 구성되어 있어 수학적 사고력을 단계적으로 기를 수 있습니다.

이야기 수학_ 이야기 속 문제 상황을 통해 호기심을 유발하고, 단원에서 배우게 될 내용을 예측하고 발견할 수 있도록 하였습니다.

사고력 수학_ 주제별 기본개념을 이해하고, 확인학습을 통해 개념을 익히고 다질 수 있도록 하였습니다.

창의력 수학_ 다양한 방법으로 심화 문제를 해결함으로써 문제 해결 능력, 의사소통 능력, 추론 능력을 향상시킬 수 있도록 하였습니다.

## ❋ 창의사고력 심화 학습

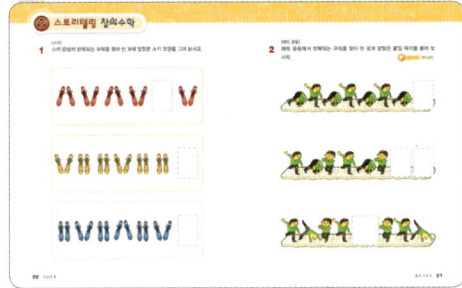

### 스토리텔링 창의수학

● 주제와 관련된 창의 사고력 수학 문제를 제시하여 학습 내용을 좀 더 다양하고 깊게 탐구해 볼 수 있습니다.

● 다른 학문 분야나 생활 속 현상 등과 같은 다양한 소재로 문제 해결력, 융합적 사고력을 기를 수 있습니다.

## ❋ 재미있는 활동과 읽을거리

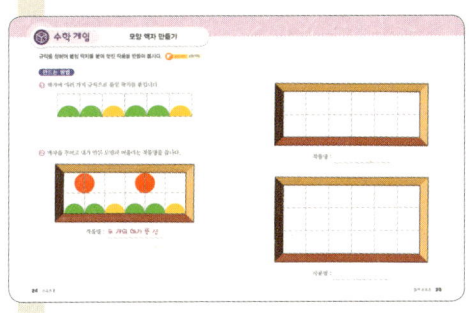

### 수학 게임

● 만들기 활동으로 수학에 관심과 흥미를 가지고 수학의 가치를 이해하며, 자연스러운 학습으로 자신감을 키울 수 있습니다.

● 수학 게임으로 재미있게 수학을 학습하고, 게임의 규칙과 승리 전략을 탐구하며 논리적인 사고력을 기를 수 있습니다.

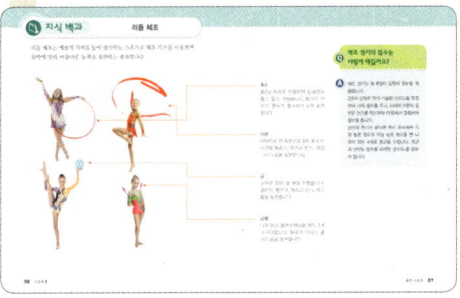

### 지식 백과

● 각 단원의 마지막에 있는 읽을거리로 사회, 과학, 예술 및 실생활 사례 등을 수학적으로 바라볼 수 있도록 하였습니다.

● Q A는 지식을 업그레이드 할 수 있는 코너로 아이들 눈에 궁금할 수 있는 질문과 그에 대한 명쾌한 답을 실었습니다.

## ❋ 빠른 답과 바른 풀이

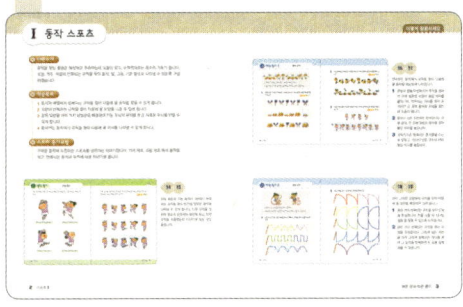

● 각 단원을 간단히 소개하고 학습 목표 및 방향을 바로 세울 수 있게 구성하였습니다. 빠르고 쉽게 정답을 확인할 수 있으며 학부모용 활용 방법을 제시하여 학습지도에 도움이 되도록 하였습니다.

# 이 책의 차례 CONTENTS

# 스포츠 I

# 동작 스포츠

동작 스포츠는 규칙에 따라 맨손이나 기구를 이용하여 정확하고 아름다운 동작에 도전하는 경기입니다.

먼 옛날에는,
나무 위로 올라가서 열매를 따고,
나무에 매달려 짐승을 피했어요.

시간이 흐르면서 사람들은
나무 대신 줄 위를 걷고,
줄에 매달려 묘기를 부리기도 했답니다.

이런 동작들은,
평균대 위를 걷고, 철봉에 매달려 빙글빙글 도는
기계 체조의 기본 동작이 되었어요.
기계 체조는 점점 어려운 기술을 더하여 발전하고 있어요.

평균대에서 떨어지지 않게
균형을 잡아야 해.

이번엔 뒤로
세 바퀴 돌아야지.

사나운 짐승을 피해 도망칠 때에는
앞을 가로막는 돌을 뛰어넘어야 했고,

전쟁 중 말을 빨리 타는 훈련을 할 때에는
목마를 한 손으로 짚고 뛰어올라 타기도 했어요.

이렇게 뛰고 넘는 동작들은,
도마를 짚어 공중에서 돌아 안전하게 착지하는
도마 운동의 기본 동작이 되었어요.
도마 운동도 점점 어려운 기술에 도전하며 발전하고 있어요.

# 리듬 체조

리듬 체조에서 아름다운 동작을 표현하기 위해서는 기본 동작을 익혀야 합니다.

뛰어오르며 한 바퀴 돌아 내리기

비껴 한 다리 굽혀 뛰어오르기

뛰어오르며 한 다리 굽히기

뒤로 두 다리 굽혀 뛰어오르기

기본 동작을 이용하여 리듬 체조 동작을 만들었습니다. 규칙을 찾아 빈 곳에 알맞은 붙임 딱지를 붙여 봅시다.

붙임 딱지 기본 동작 1

# 동작 규칙

- 연속하여 옆돌기하면 같은 동작이 반복됩니다.

- 반복되는 규칙을 찾으면 다음에 올 동작을 알 수 있습니다.

**1** 동작 운동 기구들의 반복되는 규칙을 찾아 빈 곳에 알맞은 붙임 딱지를 붙여 보시오.

붙임 딱지 운동 기구

**2** 연속 동작에서 반복되는 규칙을 찾아 빈 곳에 알맞은 붙임 딱지를 붙여 보시오.

붙임 딱지 　연속 동작

**3** 아래와 같은 붙임 딱지를 이용하여 자신이 만든 규칙에 따라 동작을 만들어 보시오.

붙임 딱지 　기본 동작 2

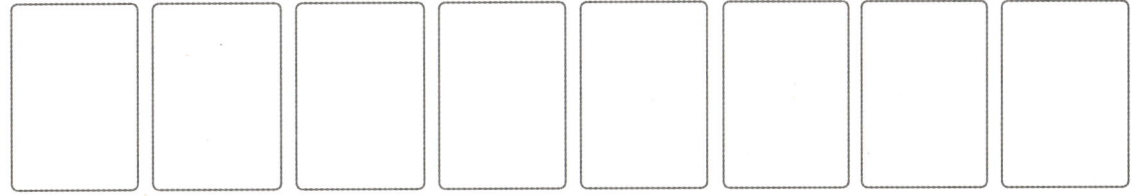

### 모양 규칙

- 리본이 같은 모양을 반복하여 그립니다.

- 반복되는 규칙을 찾으면 다음에 올 모양을 그릴 수 있습니다.

**1** 체조 선수가 그린 리본 모양을 보고, 반복되는 규칙을 찾아 모양을 완성하시오.

**2** 리본 모양을 보고, 규칙을 찾아 모양을 완성하시오.

[스키]

**1** 스키 모양의 반복되는 규칙을 찾아 빈 곳에 알맞은 스키 모양을 그려 보시오.

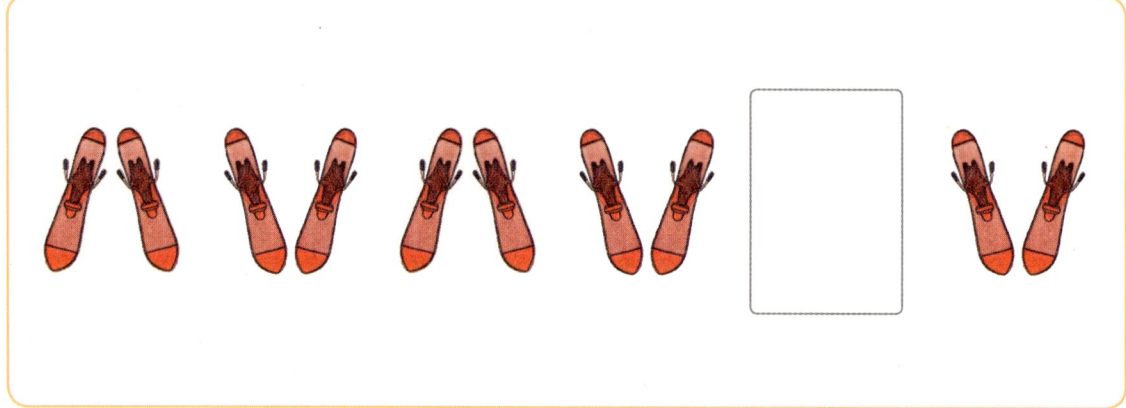

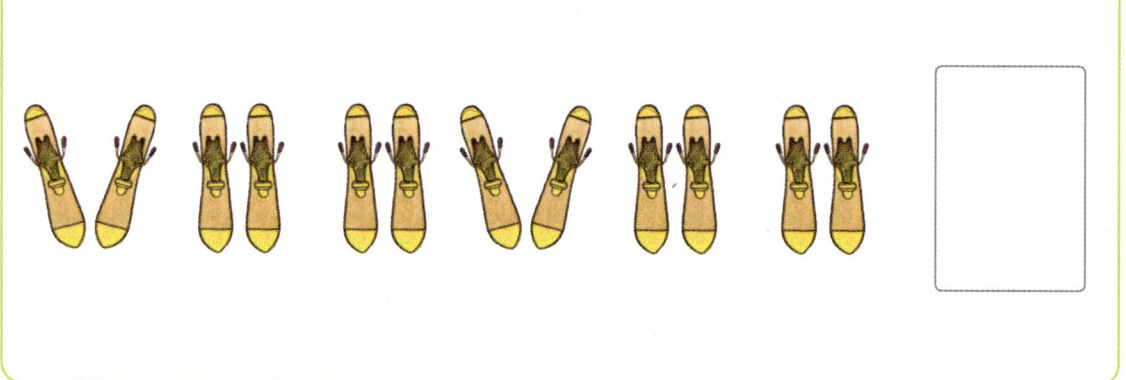

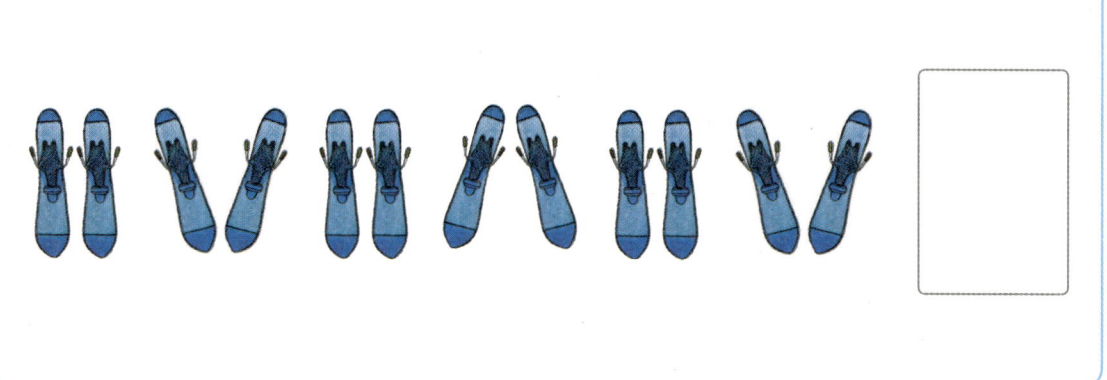

[매트 운동]

**2** 매트 운동에서 반복되는 규칙을 찾아 빈 곳에 알맞은 붙임 딱지를 붙여 보시오.

붙임 딱지 매트 동작

[마루, 평균대]

**3** 마루, 평균대 운동은 여러 가지 어려운 동작에 도전하는 체조입니다. 동작의 규칙을 찾아 빈 곳에 알맞은 붙임 딱지를 붙여 보시오.

**붙임 딱지** 체조 동작

[후프]

**4**  후프를 가지고 리듬 체조를 할 때, 후프가 만드는 모양입니다. 규칙을 찾아
빈 곳을 알맞게 색칠하시오.

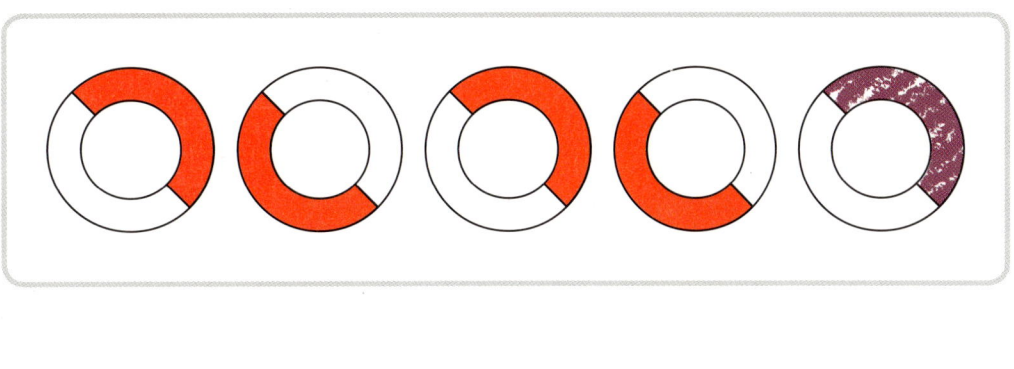

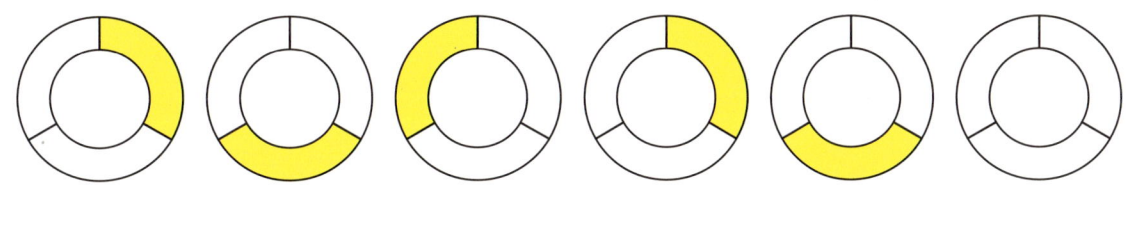

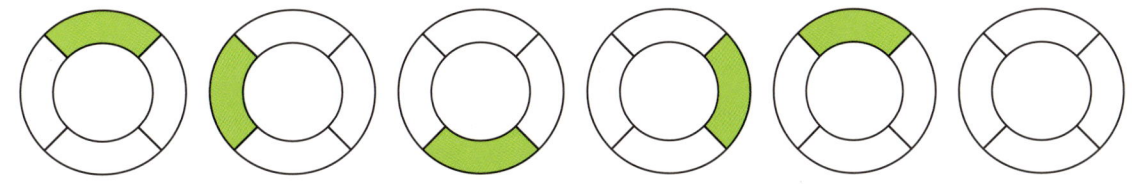

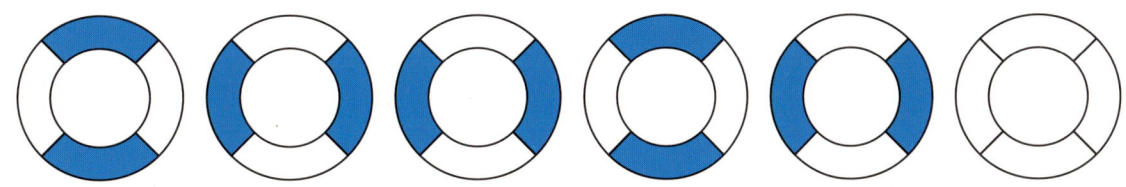

# 모양 액자 만들기

규칙을 정하여 붙임 딱지를 붙여 멋진 작품을 만들어 봅시다.  붙임 딱지 | 모양 액자

**만드는 방법**

① 액자에 여러 가지 규칙으로 붙임 딱지를 붙입니다.

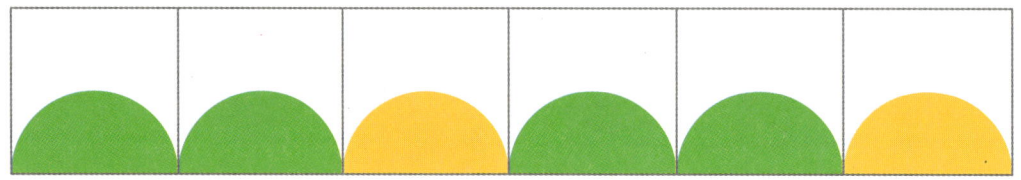

② 액자를 꾸미고 내가 만든 모양과 어울리는 작품명을 씁니다.

작품명 : 두 개의 해가 뜬 산

작품명 : _____

작품명 : _____

카드 섹션은 여러 사람이 정해진 규칙에 맞게 색칠된 카드를 들고 모양이나 글씨를 나타내는 응원 방법입니다.

응원단장이 되어 카드 섹션 응원을 만들고, 어떤 규칙으로 만들었는지 이야기해 봅시다.

- 같은 모양을 반복하여 무늬를 만들 수 있습니다.
- 규칙을 정하여 여러 가지 무늬를 만들 수 있습니다.

**1** 같은 모양을 반복하여 무늬를 만들었습니다. 규칙을 찾아 빈 곳에 붙임 딱지를 붙여 무늬를 완성하시오.

붙임 딱지 무늬 만들기

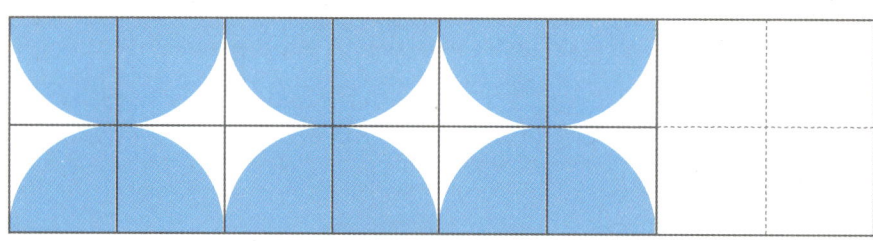

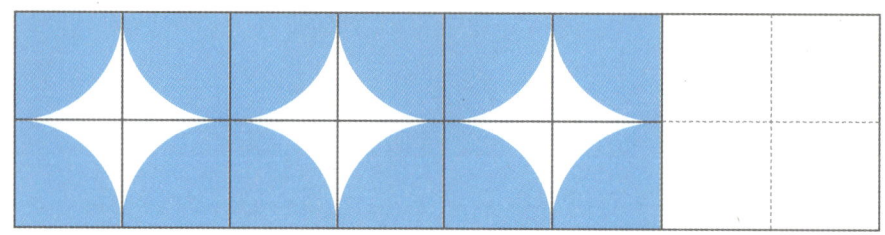

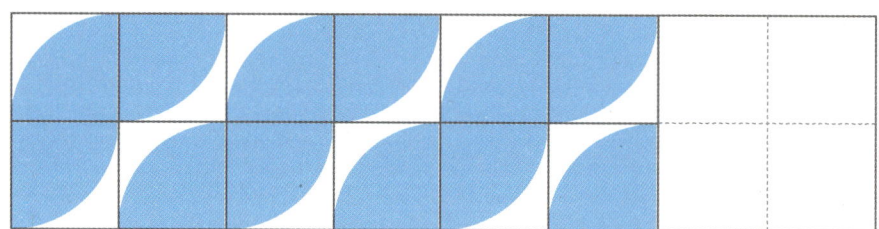

**2** 같은 모양을 반복하여 무늬를 만들었습니다. 규칙을 찾아 빈 곳에 붙임 딱지를 붙여 무늬를 완성하시오.

붙임 딱지 무늬 만들기

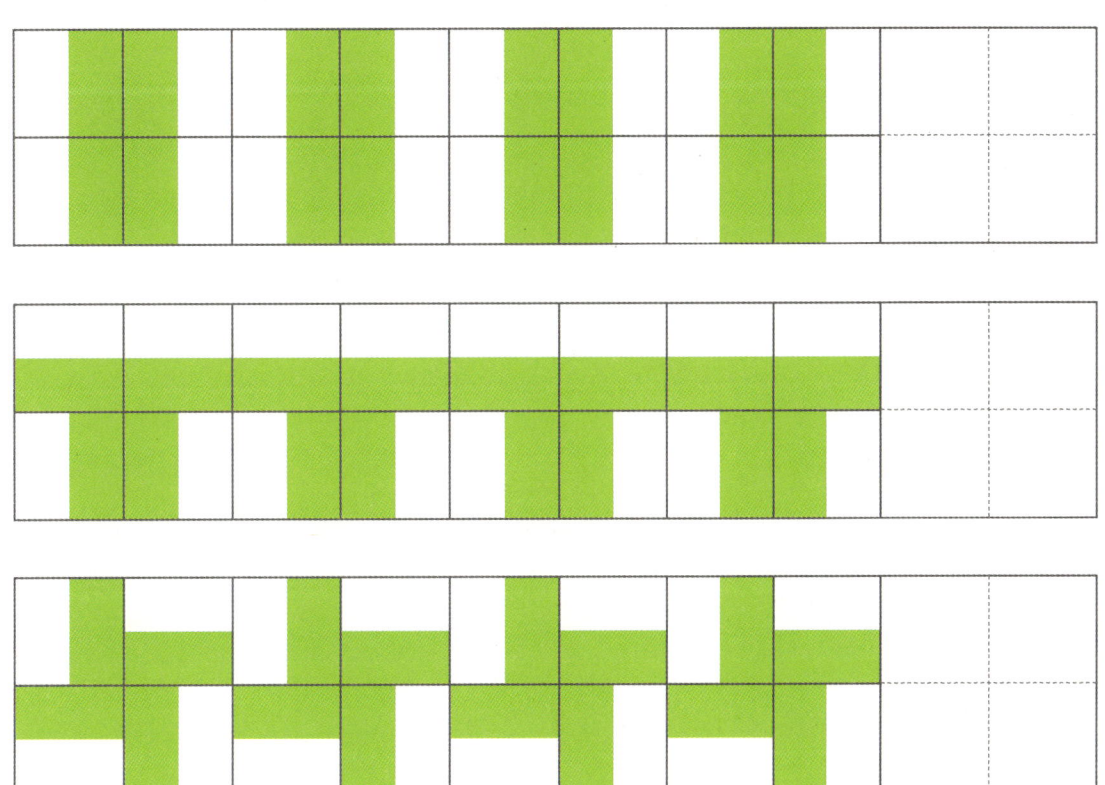

**3** 붙임 딱지를 붙여 자신만의 규칙적인 무늬를 만들어 보시오.

붙임 딱지 무늬 만들기

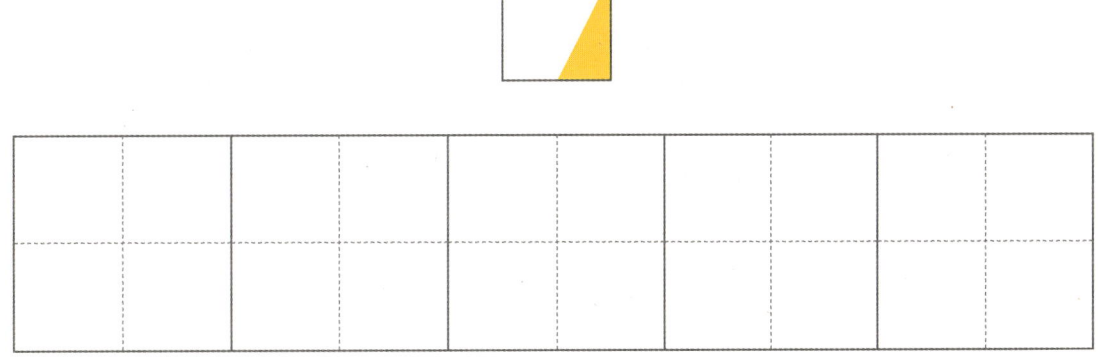

- 철봉을 잡고 빙글빙글 돌면 선수의 위치가 아래, 오른쪽, 위, 왼쪽으로 반복됩니다.

- 한 바퀴 돌면 다시 제자리로 돌아옵니다.

- 반복되는 규칙을 찾으면 다음에 올 위치를 알 수 있습니다.

**1** 돌아가는 규칙을 찾아 빈 곳을 알맞게 색칠하시오.

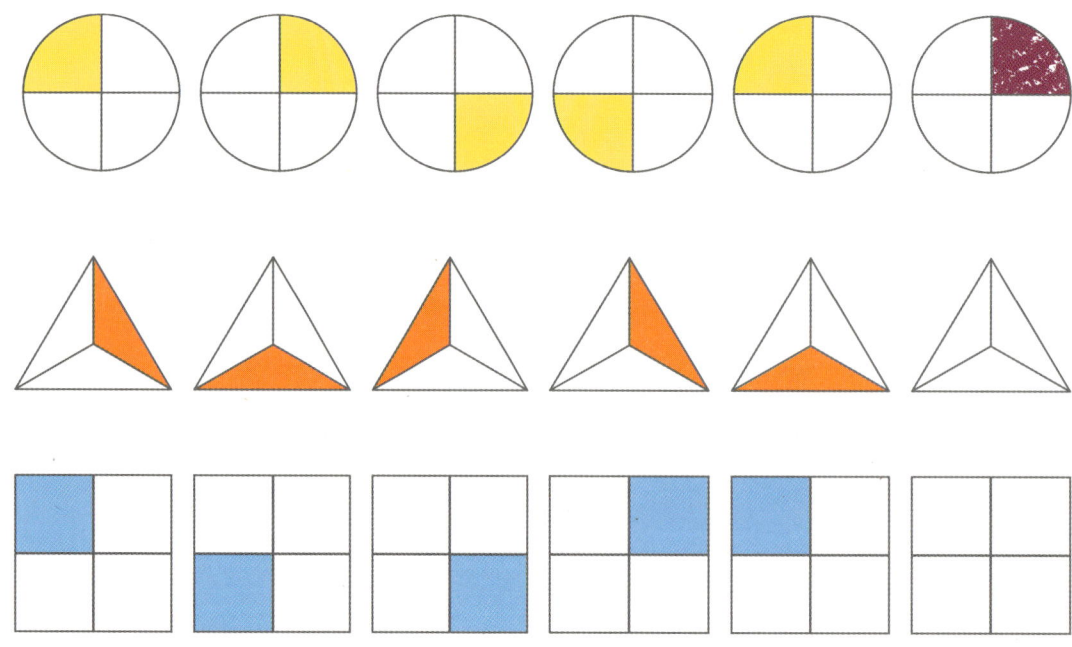

**2** 굴러가는 공 모양의 규칙을 찾아 빈 곳을 알맞게 색칠하시오.

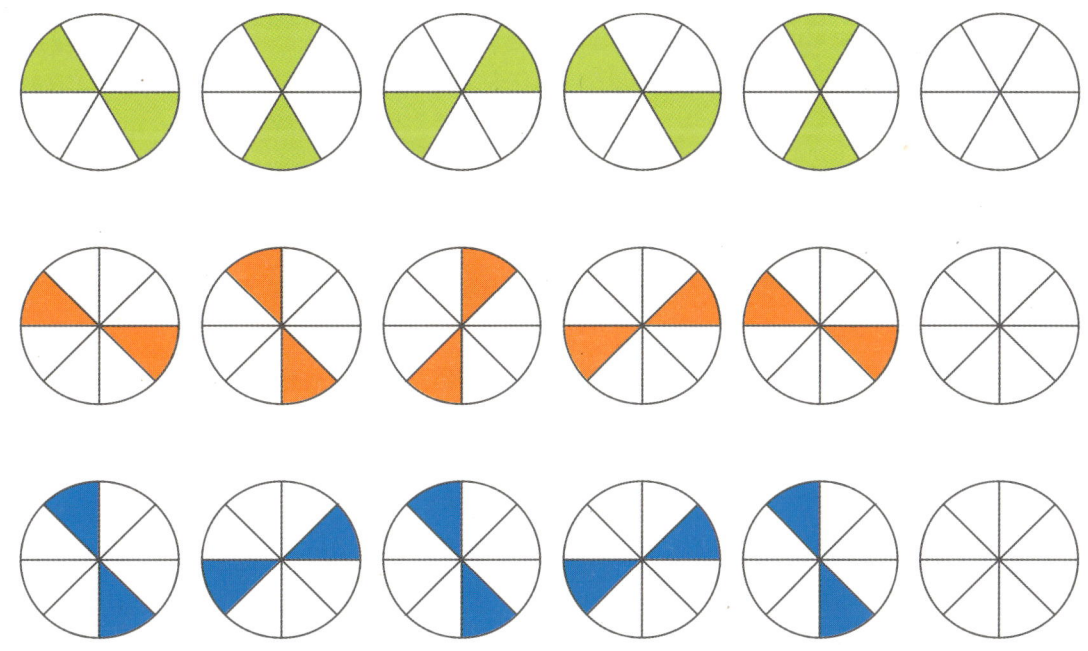

**3** 돌아가는 규칙을 찾아 빈 곳을 알맞게 색칠하시오.

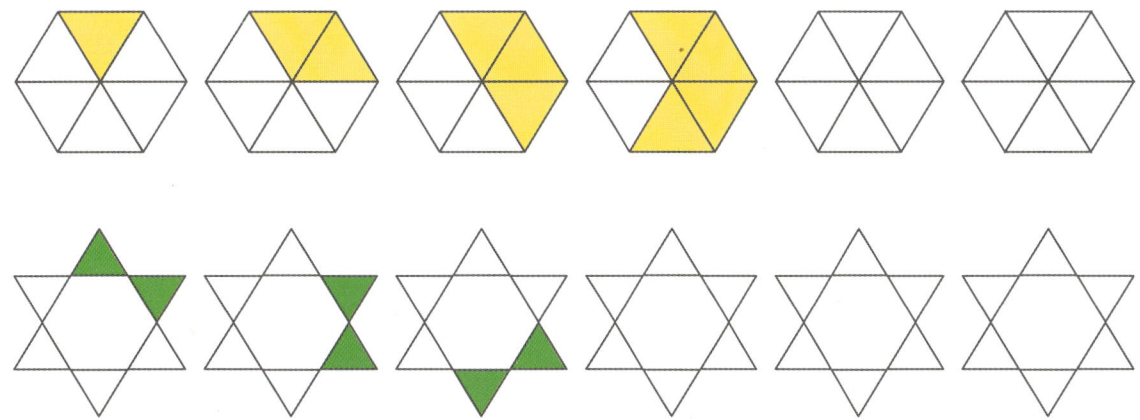

[무늬의 규칙]

**1** 같은 모양을 반복하여 여러 가지 무늬를 만들었습니다. 반복되는 규칙을 찾아 무늬를 완성하여 보시오.

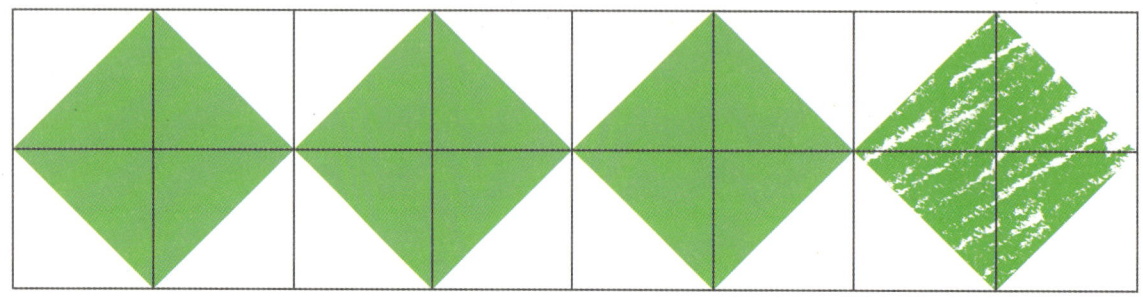

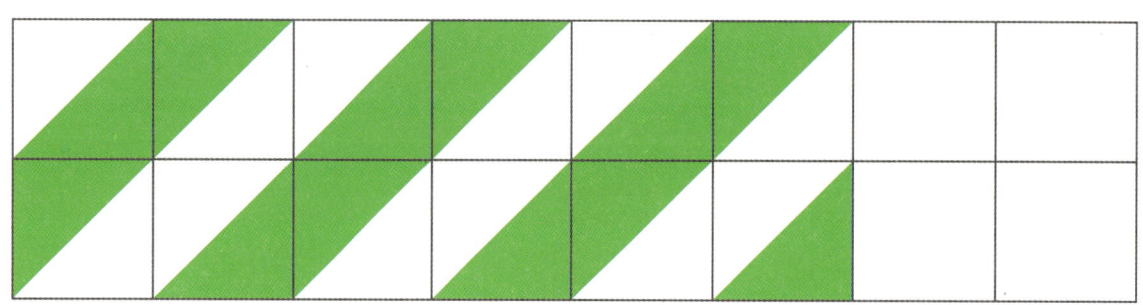

**2** 같은 모양을 반복하여 만든 무늬로 체조 경기장 바닥을 꾸미려고 합니다. 규칙을 찾아 무늬를 완성하여 보시오.

[철봉]

**3** 철봉을 잡고 다양한 동작으로 빙글빙글 돌 때, 선수 위치의 규칙을 찾아 빈 곳에 알맞은 붙임 딱지를 붙여 보시오.

📝 **붙임 딱지** 철봉 동작

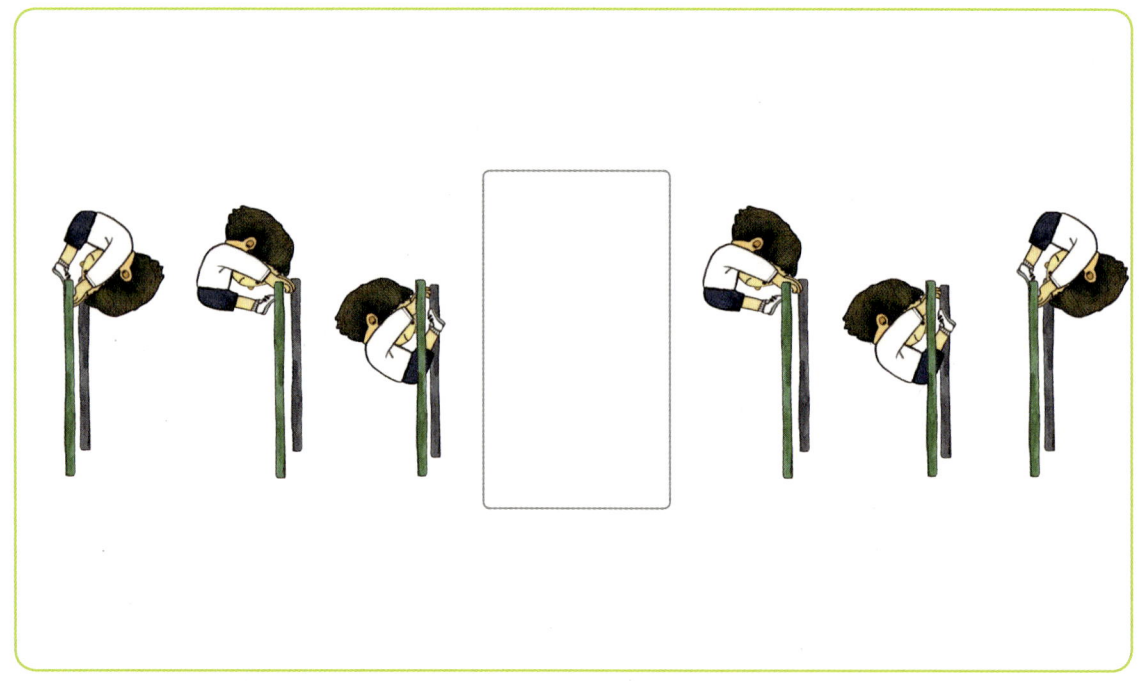

**4** 빙글빙글 돌아가는 규칙을 찾아 빈 곳에 붙임 딱지를 알맞게 붙여 보시오.

붙임 딱지 회전 규칙

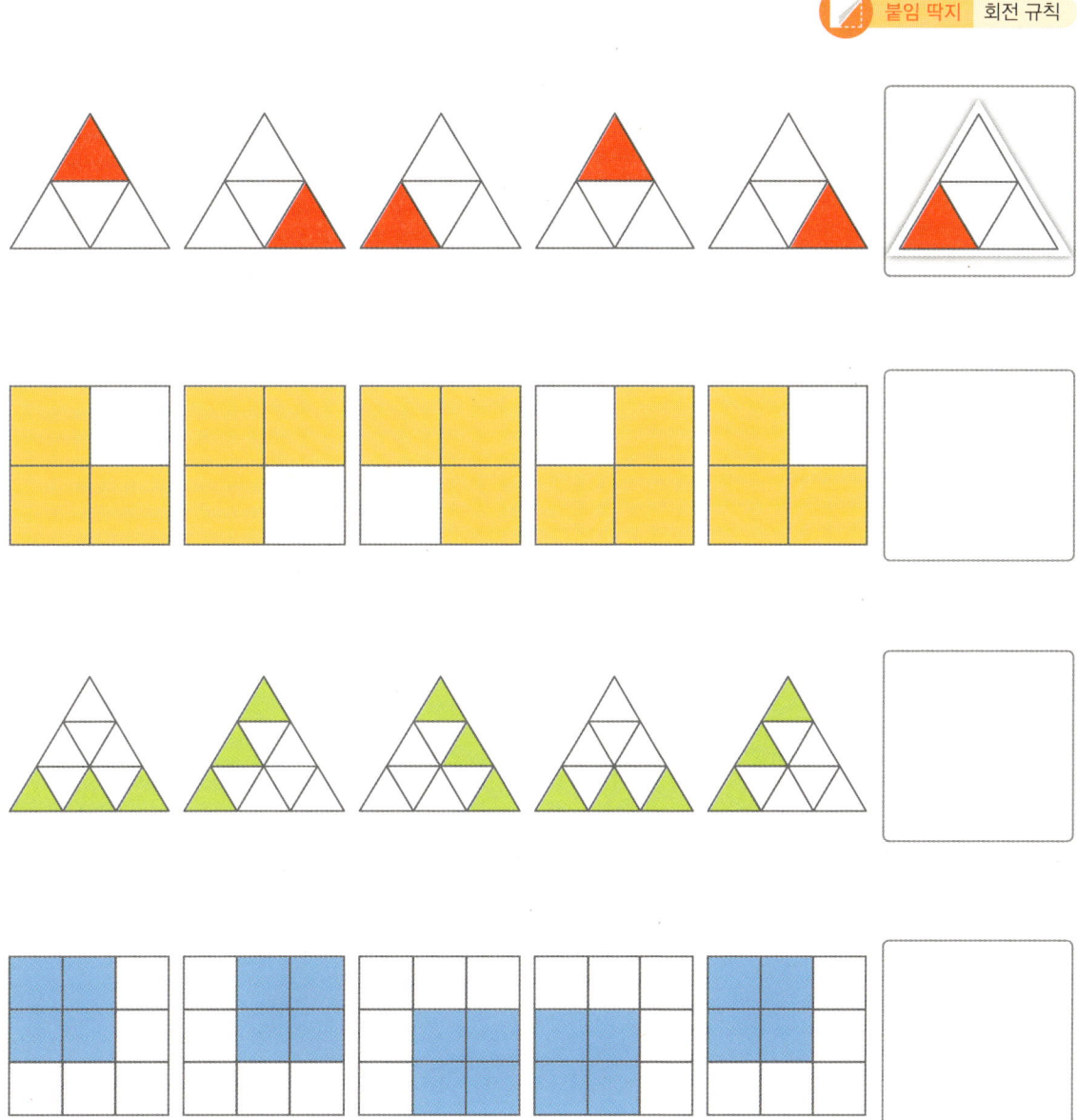

# 리듬 체조

리듬 체조는 예술적 가치를 높이 평가하는 스포츠로 체조 기구를 사용하여 음악에 맞춰 아름다운 동작을 표현하는 종목입니다.

**후프**

플라스틱으로 만들어져 탄성력이 좋고, 얇고, 가볍습니다. 돌리기, 던지기, 굴리기, 통과하기 등을 표현합니다.

**리본**

비단으로 된 리본으로 8자 돌리기, 나선형 돌리기, 던지고 받기, 모양 그리기 등을 표현합니다.

**공**

고무로 되어 잘 튀고 가볍습니다. 굴리기, 튕기기, 던지고 받기, 차기 등을 표현합니다.

**곤봉**

나무 또는 플라스틱으로 만든 2개의 막대입니다. 돌리기, 던지기, 굴리기 등을 표현합니다.

**Q 체조 경기의 점수는 어떻게 매길까요?**

**A** 체조 경기는 총 8명의 심판이 점수를 채점합니다.

2명의 심판은 연기 기술의 난이도를 판정하여 시작 점수를 주고, 나머지 6명의 심판은 연기를 판단하여 10점에서 감점하여 점수를 줍니다.

선수의 연기가 끝나면 연기 점수에서 가장 높은 점수와 가장 낮은 점수를 뺀 나머지 점수 4개로 평균을 구합니다. 평균과 난이도 점수를 더하면 선수의 총 점수가 됩니다.

# 스포츠 Ⅱ

# 기록 스포츠

기록 스포츠는 자신이나 다른 사람이
세운 속도 또는 거리 기록에 도전하는
경기입니다.

먼 옛날 사람들은
먹잇감을 쫓아 이리저리 뛰어다니며
사냥을 했어요.

시간이 흐르면서 사람들은
달리기 대회를 열어
누가 더 빠른지 겨루고 순위를 매겼답니다.

달리기 대회는
전력으로 달려 가장 빠른 선수를 가려내고,
새로운 기록을 세우는 육상 경기가 되어
오늘날까지 열리고 있어요.

기계로 기록을 잴 수 있어서
누가 먼저 들어왔는지 정확하게 알 수 있어요.

체력을 길렀으니
빨리 도착할 수 있겠어!!

강 근처에 살던 사람들은
물장구를 치며
고기를 잡고 강을 건넜어요.

그 후, 전쟁을 해야 했던 사람들은
강에서 있을 전투에 대비하여
강을 빨리 건너는 방법을 배우기 시작했어요.

마지막 한 바퀴는
자유형으로 가야 해.

오늘날에는
수영장을 만들어 일정한 거리를 헤엄치며
더 빠른 기록을 세우는 수영 경기를 하고 있어요.

수영을 할 때에는 숨을 자주 쉴 수 없어서
폐활량을 늘려 숨을 오래 참을 수 있도록 연습해야 해요.

100m 달리기 경주를 하고 있습니다. 선수들의 위치를 보고, 빈칸에 알맞은 말 또는 수를 써넣어 봅시다.

현재 4명의 선수가 결승 지점에 들어오고 있습니다.

데이슨 선수 바로 뒤에는 [           ] 선수가 달리고 있고요,

조나단 선수 앞에는 [     ]명의 선수가 달리고 있습니다.

경기가 끝났습니다!!

1위는 역시 [           ] 선수가 차지했네요.

## 그림 그려 알아보기

준석     지훈     희준

- 희준이는 가장 앞에서 달리고 있습니다.

- 희준이 뒤에는 2명이 있습니다.

- 희준이와 준석이 사이에 지훈이가 달리고 있습니다.

➡ 1등-희준, 2등-지훈, 3등-준석

**1** 세 명의 친구들이 달리기를 하고 있습니다. 다음을 보고, 등수에 알맞게 친구들의 이름을 써넣으시오.

- 지연이는 가장 앞에 있습니다.
- 지연이와 은주 사이에 희선이가 달리고 있습니다.
- 은주 앞에는 2명이 달리고 있습니다.

지연

**2** 세 선수  ,  ,  의 위치를 찾아 붙임 딱지를 알맞게 붙여 보
시오.

- 는 가장 왼쪽에 있습니다.
-  는 가장 오른쪽에 있습니다.

왼쪽 ◀ | | | ▶ 오른쪽

-  는 가장 왼쪽에 있습니다.
-  는 가운데에 있습니다.

왼쪽 ◀ | | | ▶ 오른쪽

-  은 가장 왼쪽에 있습니다.
-  은  의 바로 옆에 있습니다.

왼쪽 ◀ | | | ▶ 오른쪽

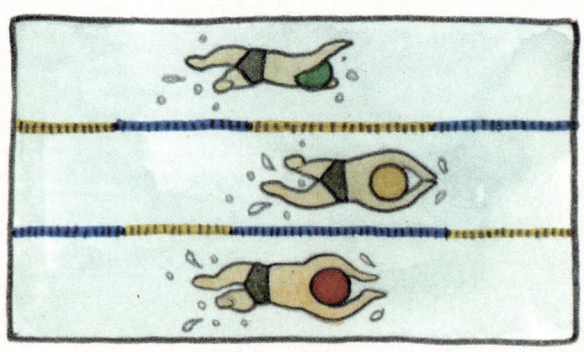

- 태민이는 빨강 모자를 쓰고 있습니다.
- 재윤이는 노랑 모자를 쓰지 않았습니다.

➡ 태민-빨강, 재윤-초록, 성환-노랑

|  | 빨강 | 노랑 | 초록 |
|---|---|---|---|
| 태민 | ○ | ✕ | ✕ |
| 재윤 | ✕ | ✕ | ○ |
| 성환 | ✕ | ○ | ✕ |

**1** 세 친구들이 서로 다른 색 운동화를 신고 있습니다. 표를 채우고, 현우가 신고 있는 신발의 색을 쓰시오.

- 현우는 빨간색 신발을 신지 않았습니다.
- 지민이는 파란색 신발을 신고 있습니다.
  └ • 검정색 신발, 빨간색 신발을 신지 않았습니다.

|  | 검정색 | 빨간색 | 파란색 |
|---|---|---|---|
| 현우 |  | ✕ |  |
| 지민 |  |  | ○ |
| 서준 |  |  |  |

**2** 세 명의 친구들이 서로 다른 운동을 하고 있습니다. 표를 채우고, 하제가 하는 운동을 쓰시오.

- 하제는 양궁 선수가 아닙니다.
- 진세는 달리기 선수입니다.

| | 양궁 | 달리기 | 역도 |
|---|---|---|---|
| 하제 | X | | |
| 진세 | | | |
| 태경 | | | |

**3** 네 명의 친구들이 서로 다른 방법으로 수영을 하고 있습니다. 표를 채우고, 찬혁이가 하고 있는 수영 방법을 쓰시오.

- 서현이는 평영을 하고 있습니다.
- 진우는 배영과 접영을 하지 못합니다.
- 찬혁이는 배영을 하지 못합니다.

| | 자유형 | 배영 | 평영 | 접영 |
|---|---|---|---|---|
| 서현 | X | X | O | X |
| 진우 | | | X | |
| 찬혁 | | | X | |
| 유미 | | | X | |

 ## 스토리텔링 창의수학

[국기의 위치]

**1** 수영 경기가 끝난 후 시상식이 열렸습니다. 다음을 보고, 국기를 알맞게 붙여 보시오.

붙임 딱지 국기

- 미국 국기 오른쪽에 대한민국 국기가 걸려 있습니다.
- 프랑스 국기 왼쪽에는 국기가 **2**개 걸려 있습니다.

왼쪽

오른쪽

[선수의 자리]

**2** 네 나라의 선수가 경기를 준비하고 있습니다. 다음을 보고, 선수들의 자리를 찾아 알맞게 붙여 보시오.

- 미국 선수 오른쪽에 선수가 **3**명 있습니다.
- 미국과 자메이카 선수 사이에 선수가 **2**명 있습니다.
- 자메이카와 호주 선수 사이에 브라질 선수가 있습니다.

왼쪽

오른쪽

[좋아하는 스포츠]

**3** 세 친구들은 서로 다른 스포츠를 좋아합니다. 표를 채우고, 세 친구가 좋아하는 스포츠를 써넣으시오.

- 현우는 빙판에서 하는 스케이팅을 좋아합니다.
- 서준이는 수영을 좋아하지 않습니다.

| | 수영 | 달리기 | 스케이팅 |
|---|---|---|---|
| 현우 | | | ○ |
| 지민 | | | |
| 서준 | | | |

현우 : ☐    지민 : ☐    서준 : ☐

[종목]

**4** 서로 다른 종목의 선수 세 명이 있습니다. 표를 채우고, 세 선수들은 어떤 종목의 선수인지 써넣으시오.

- 브루나는 높이뛰기와 창던지기 선수가 아닙니다.
- 앨리슨은 높이뛰기 선수가 아닙니다.

| | 높이뛰기 | 창던지기 | 포환던지기 |
|---|---|---|---|
| 브루나 | × | × | |
| 덩샤밍 | | | |
| 앨리슨 | | | |

브루나 : [　　　　　]　　　덩샤밍 : [　　　　　]

앨리슨 : [　　　　　]

상대방이 고른 카드를 맞히는 게임을 해 봅시다.

## 게임 방법

**1** 가위바위보에서 이긴 사람은 카드 한 장을 고릅니다. 진 사람은 고른 카드의 위, 아래, 오른쪽, 왼쪽에 몇 명이 있는지 질문하며 고른 카드를 맞힙니다. 이긴 사람은 '네', '아니오'로만 대답합니다.

위에 3명 있습니까?

오른쪽에 3명 있습니까?

아래에 2명 있습니까?

정답은 입니다.

아니오.

네.

네.

맞습니다.
총 3번 질문했습니다.

**2** 번갈아 가며 게임을 합니다. 질문한 횟수가 더 적은 사람이 이깁니다.

위

왼쪽

오른쪽

아래

# 생각 열기

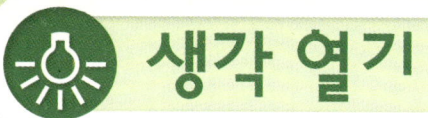

## 경기장 관중석

경기장의 전광판에 응원을 하는 사람들의 모습이 나오고 있습니다. 진우와 현준이의 위치를 확인하고, 알맞은 말을 골라 빈칸에 써 봅시다.

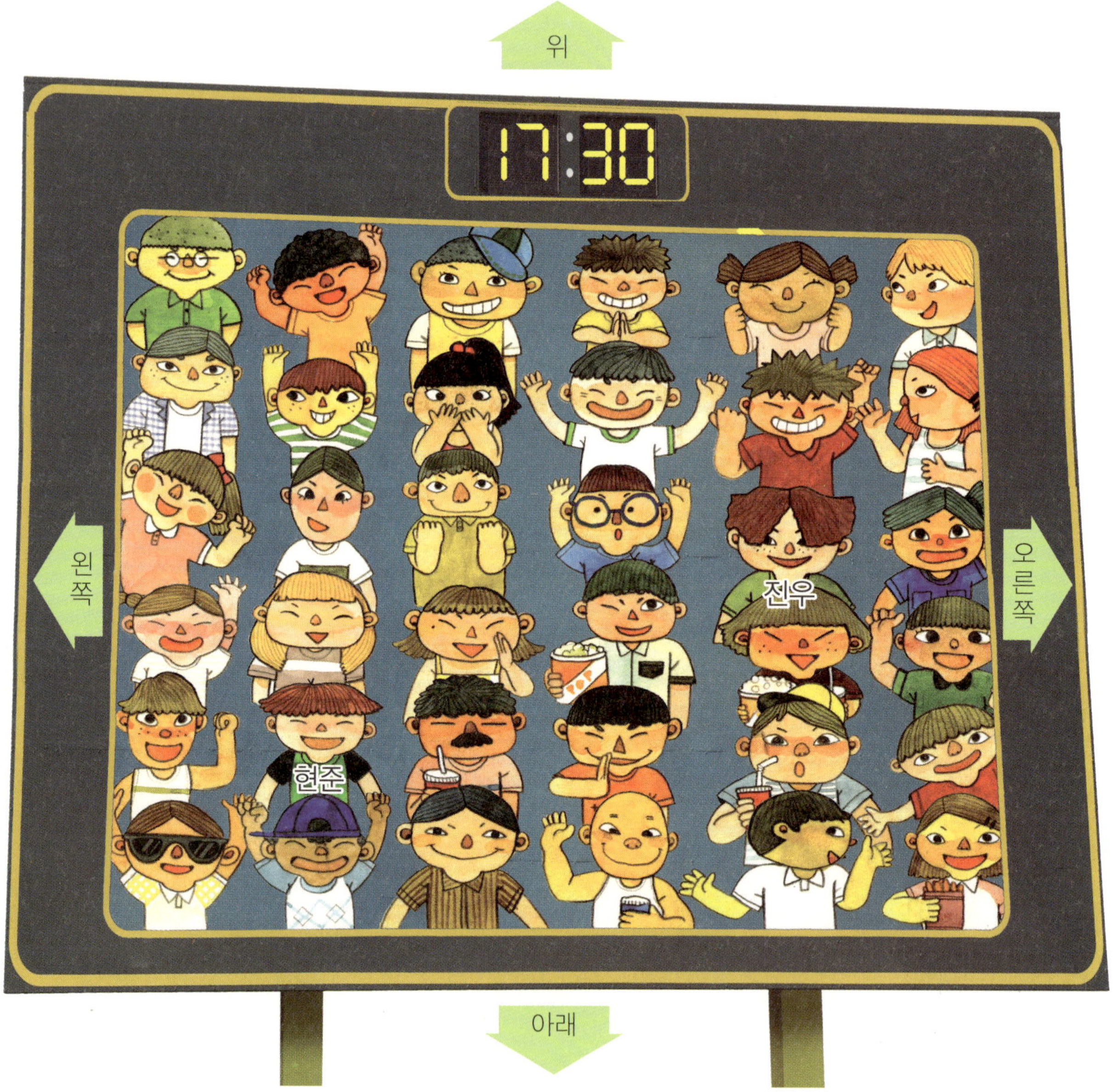

## 왼쪽, 오른쪽, 위, 아래

진우

- 진우는 안경을 쓴 사람 오른쪽 에 있습니다.
- 진우는 빨간 티를 입은 사람 ☐ 에 있습니다.

현준

- 현준이는 콧수염을 기른 사람 ☐ 에 있습니다.
- 현준이는 파란 모자를 쓴 사람 ☐ 에 있습니다.

- 초록 티를 입은 사람은 빨간 모자를 쓴 사람 앞에, 응원봉을 가진 사람 뒤에 있습니다.

- 빨간 모자를 쓴 사람은 콧수염을 기른 사람 오른쪽에, 안경을 쓴 사람 왼쪽에 있습니다.

**1**  에서 설명하는 축구공을 찾아 ○표 하시오.

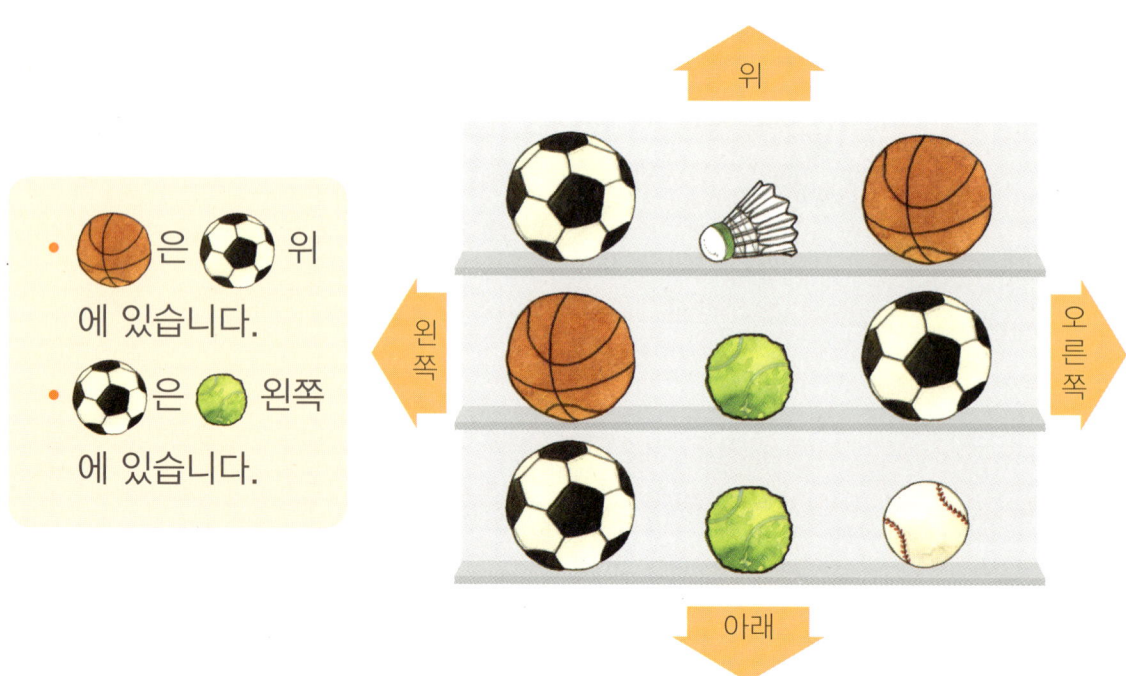

**2** 설명하는 선수를 찾아 ○, △, □표 하시오.

- 노란 티를 입은 선수 오른쪽에 있습니다.
- 파란 티를 입은 선수 앞에 있습니다.

- 빨간 티를 입은 선수 오른쪽에 있습니다.
- 노란 티를 입은 선수 뒤에 있습니다.

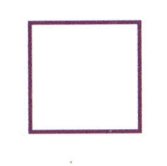

- 흰색 티를 입은 선수 뒤에 있습니다.
- 파란 티를 입은 선수 왼쪽에 있습니다.

# 위치 찾기 (2)

- 응원봉을 가진 사람 오른쪽에는 1명, 위에는 2명이 있습니다.

- 깃발을 가진 사람 왼쪽에는 2명, 아래에는 1명이 있습니다.

**1** 축구공과 농구공의 위치를 찾아 붙임 딱지를 붙여 보시오.

- ⚽의 오른쪽에는 공이 1개 있습니다.

- 🏀의 왼쪽에는 공이 2개 있습니다.

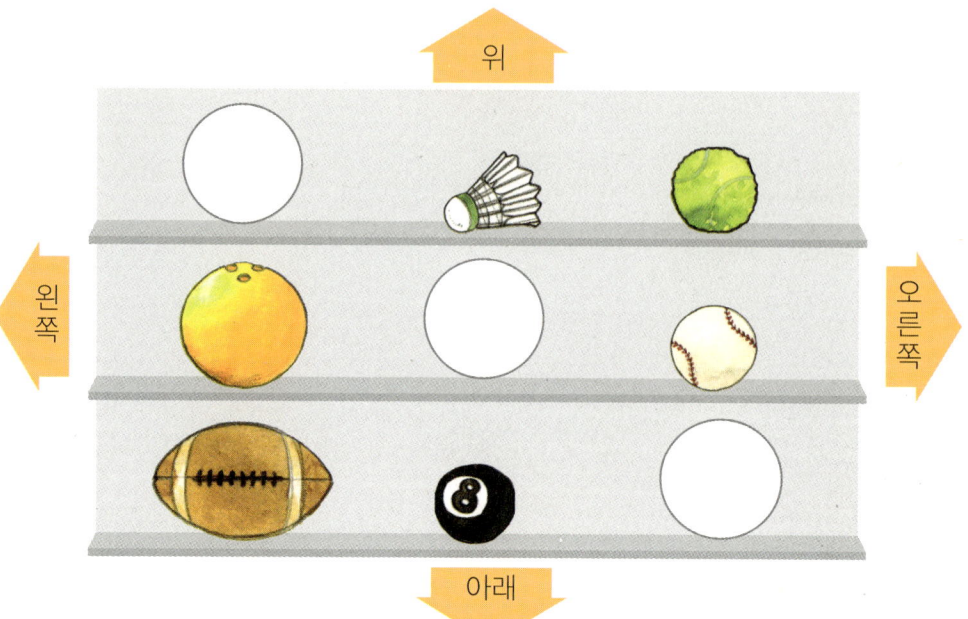

**2** 노란색과 초록색 티셔츠의 위치를 찾아 붙임 딱지를 붙여 보시오.

- 의 아래에는 티셔츠가 **2**개 있습니다.
- 의 위와 오른쪽에는 티셔츠가 **|**개씩 있습니다.

**3** 공 4개의 위치를 찾아 붙임 딱지를 붙여 보시오.

- 의 아래에 이 있습니다.
- 의 오른쪽에 이 있습니다.

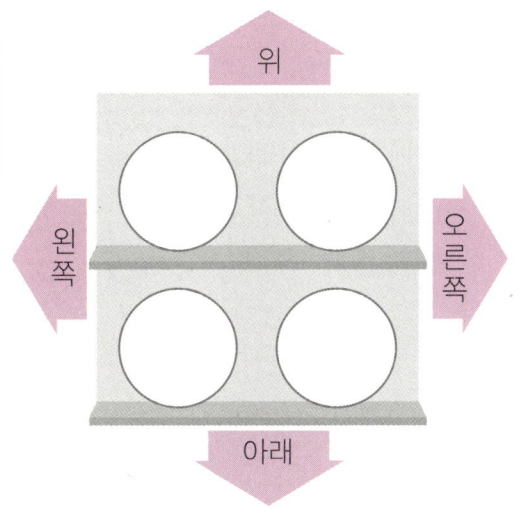

[물건의 위치]

**1** 운동을 하는데 필요한 물건이 진열되어 있습니다. 물건의 위치를 바르게 설명한 것에는 ○표, 잘못 설명한 것에는 ×표 하시오.

야구 글러브는
줄넘기 위에
있습니다.

배드민턴 라켓은
스케이트 왼쪽에
있습니다.

축구화는
탁구 라켓 오른쪽에
있습니다.

스키는
축구화 아래에
있습니다.

**2** 선수들이 입장을 하고 있습니다. 　　　에서 설명하는 달리기 선수를 찾아 ○표 하시오.

- 모자를 쓴 선수 오른쪽에 달리기 선수가 있습니다.
- 안경을 쓴 선수 뒤에 달리기 선수가 있습니다.

[스케이트]

**3** 신발장에 스케이트가 있습니다. 흰색, 검은색 스케이트의 위치를 찾아 붙임 딱지를 붙여 보시오.

붙임 딱지 스케이트

- 흰색 스케이트 위에는 스케이트 2켤레가 있습니다.
- 검은색 스케이트 아래에는 스케이트 1켤레가 있습니다.

[역기]

**4** 역도는 무거운 원판을 봉 양쪽에 끼운 역기를 들어 올려 힘을 겨루는 경기입니다. 빨간색, 파란색 역기의 위치를 찾아 붙임 딱지를 붙여 보시오.

 붙임 딱지 역기

- 빨간색 역기 위에는 2개, 아래에는 1개의 역기가 있습니다.
- 파란색 역기 오른쪽에는 2개의 역기가 있습니다.

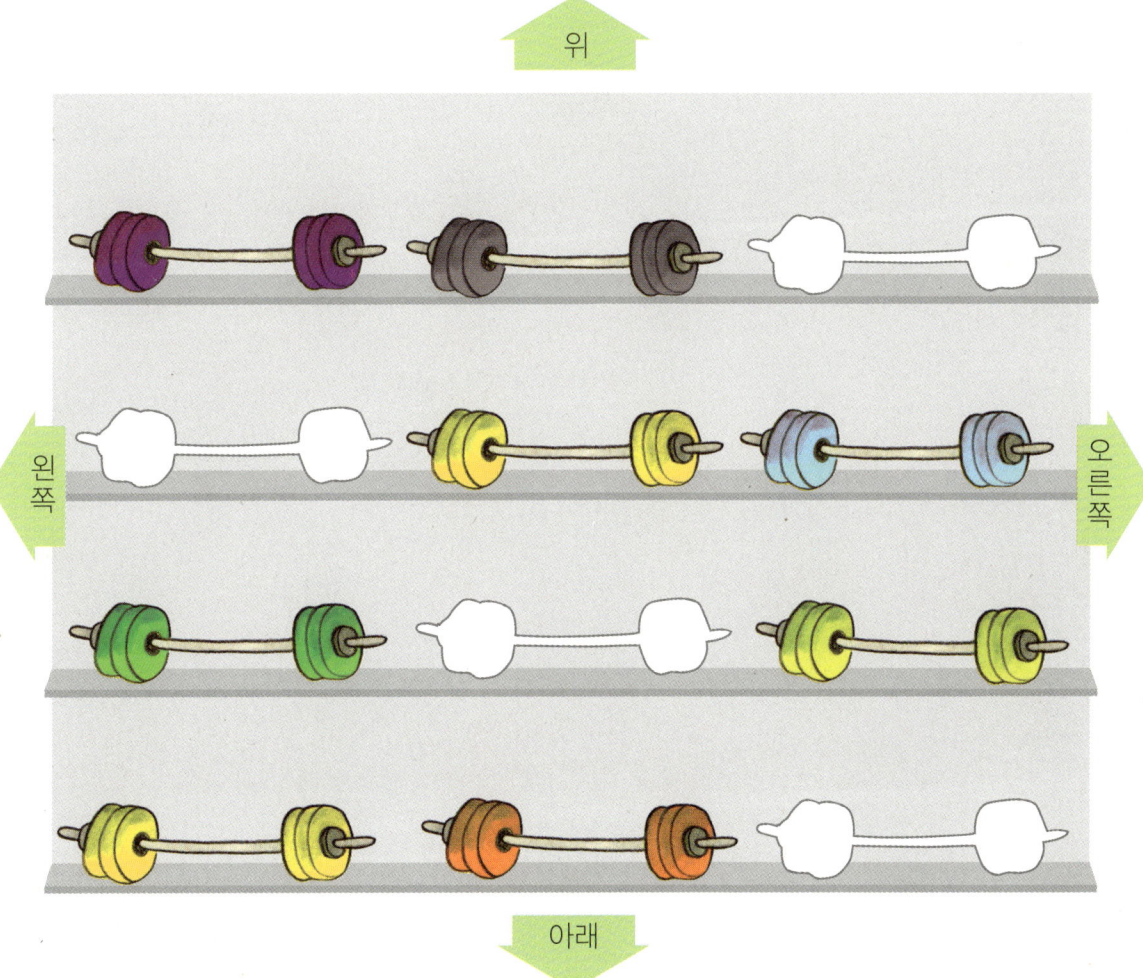

## 지식 백과

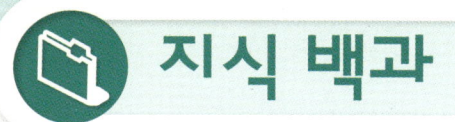

# 장애물 달리기

장애물 달리기는 일정한 간격으로 설치된 장애물을 뛰어넘으면서 달리는 경기입니다.

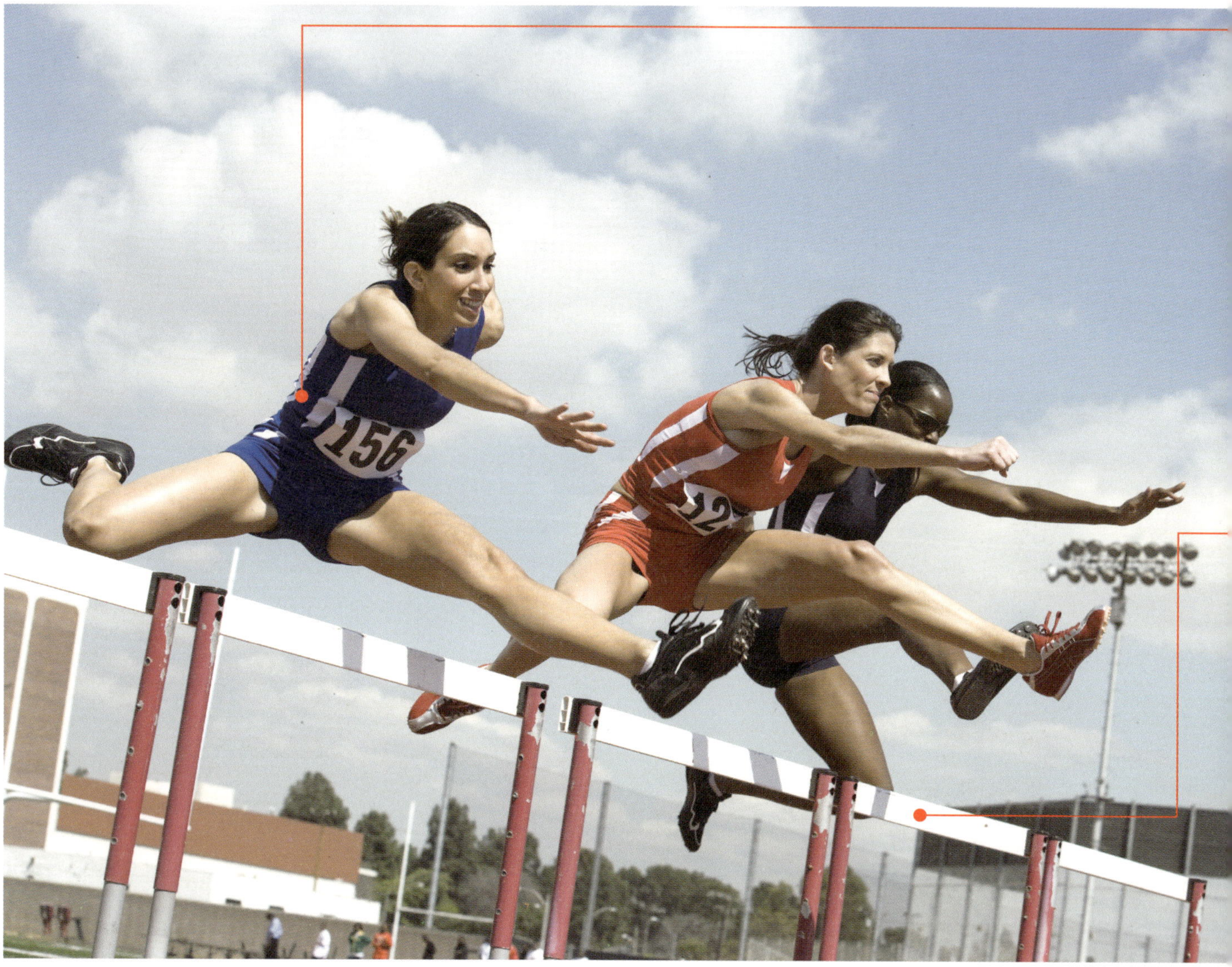

### 경기복

선수들은 번호표를 가슴과 등에 붙여야 합니다.

156

### 허들

장애물 달리기에서 뛰어넘어야 하는 장애물이며, 선수들은 10개의 허들을 넘어야 합니다.

**Q** 가장 빠른 기록을 가진 선수는 누구일까요?

**A** 남자 110m 허들 경기의 결과입니다. 어느 선수가 가장 빠른지 이야기해 보세요.

호주 선수 : 20초

중국 선수 : 15초

미국 선수 : 13초

영국 선수 : 19초

미국 선수가 가장 빠릅니다.

# 스포츠 III

# 팀 스포츠

팀 스포츠는 두 팀이 서로 자기 팀 영역을 보호하면서 상대 팀 영역에 침범하여 점수를 얻는 경기입니다.

옛날 그리스 사람들은
깃털 넣은 자루를 차고 던져
돌을 맞히는 놀이를 했어요.

그 후, 축제 기간마다
돼지 오줌보로 만든 공을 차며
공놀이 대결을 벌였답니다.

오늘날 이 대결은
규칙과 화려한 기술이 더해지며
상대 골대에 공을 넣는 축구 경기가 되었어요.

축구 경기를 할 때에는
같은 편끼리 협동하고, 상대편을 존중하는 마음을 가져야 해요.

1823년 영국,
축구를 하던 소년 엘리스는
손으로 공을 잡아 껴안고 골대 안으로 들어갔어요.

손으로 공을 잡으면 안 되는 축구의 규칙을 어겼지만
이것이 오늘날 럭비의 기본 규칙이 되었어요.

공을 뺏기지 않고
골대 안으로 들어가야 해.

1891년 미국,
제임스 선생님은
더운 날씨에 축구를 하는 학생들을 보고
건물 안에서 할 수 있는 운동을 생각했어요.

벽에 걸린 바구니 안으로
축구공을 던져 넣는 방식에서
오늘날의 농구가 탄생하였답니다.

2점 차이를 줄이려면
한 골만 더 넣으면 돼!!

# 토너먼트 경기

스페인, 프랑스, 브라질 세 나라의 축구 경기 결과입니다.

스페인 3 : 프랑스 ㅣ

스페인과 프랑스의 경기에서 스페인이 3골, 프랑스가 ㅣ골을 넣었습니다.

브라질 ㅣ : 스페인 2

브라질과 스페인의 경기에서 브라질이 ㅣ골, 스페인이 2골을 넣었습니다.

스페인, 프랑스, 브라질 세 나라의 경기의 순서와 결과를 한눈에 볼 수 있도록 대진표를 그렸습니다.  대진표를 보고, 우승팀은 어느 나라인지 이야기해 봅시다.

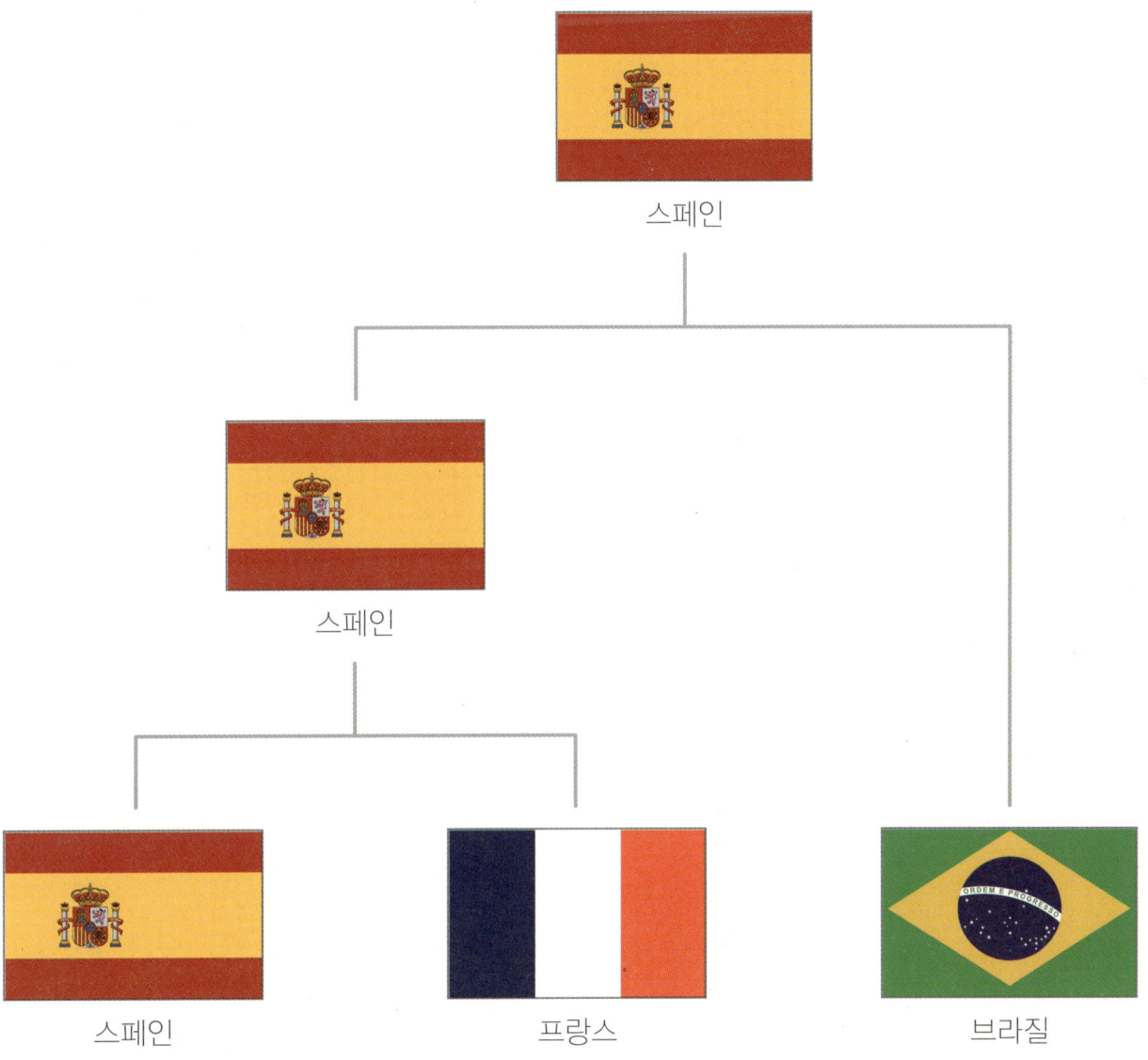

스페인

스페인

스페인          프랑스          브라질

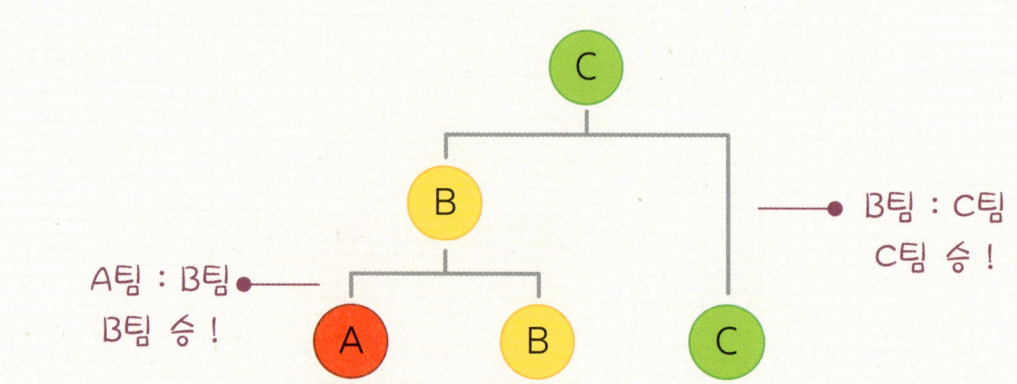

- 두 팀씩 경기를 해서 지는 팀은 탈락하는 경기 방식입니다.
- 마지막 한 팀이 남을 때까지 경기를 합니다.
- 마지막 남은 한 팀이 우승 팀입니다.

**1** 대진표를 보고 빈 곳에 알맞은 붙임 딱지를 붙이시오.

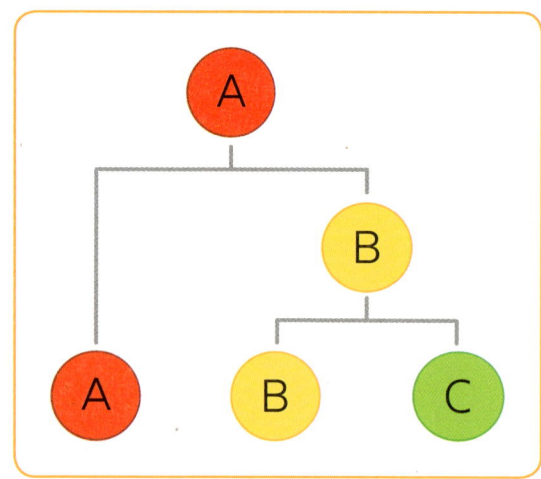

- B 와 C 의 경기에서 ◯ 가 이겼습니다.

- A 와 B 의 경기에서 ◯ 가 이겼습니다.

**2** 대진표를 보고 빈칸에 알맞은 동물 이름을 써넣으시오.

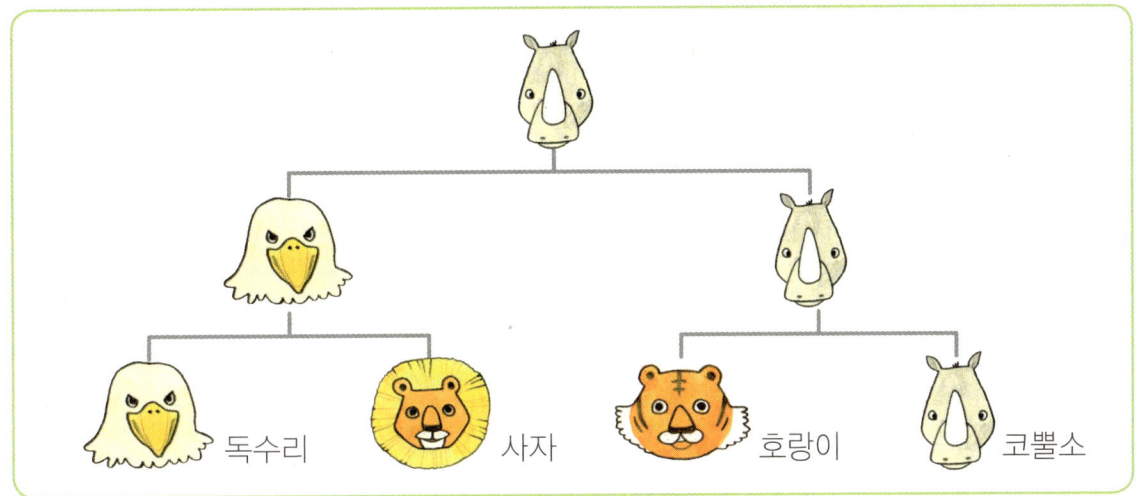

- 독수리와 사자의 경기에서 [          ]가 이겼습니다.

- 호랑이와 코뿔소의 경기에서 [          ]가 이겼습니다.

- 우승은 [          ]입니다.

**3** Ⓐ, Ⓑ, Ⓒ, Ⓓ 네 팀의 경기 결과를 보고 빈 곳에 알맞은 붙임 딱지를 붙여 표를 완성하시오.

붙임 딱지 팀

- Ⓐ와 Ⓒ의 경기에서 Ⓐ가 이겼습니다.

- Ⓑ와 Ⓓ의 경기에서 Ⓓ가 이겼습니다.

- Ⓐ와 Ⓓ의 경기에서 Ⓓ가 이겼습니다.

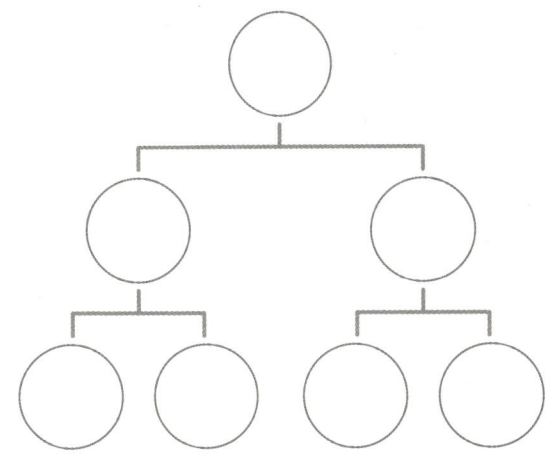

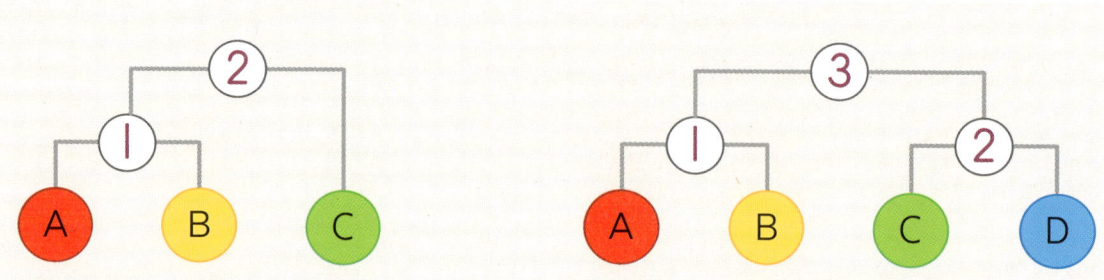

- 세 팀이 토너먼트로 경기를 하면 총 **2**번의 경기를 합니다.
- 네 팀이 토너먼트로 경기를 하면 총 **3**번의 경기를 합니다.

**1**  다섯 명이 둘씩 짝을 지어 팔씨름을 합니다. 한 번이라도 지면 경기를 다시 할 수 없습니다. 대진표를 완성하고, 총 경기 수를 구하시오.

**2** 여러 팀이 축구 경기를 합니다. 한 번이라도 지면 탈락한다고 할 때, 알맞은 대진표를 그리고, 총 경기 수를 구하시오.

6팀의 경기 수 : ☐ 번

7팀의 경기 수 : ☐ 번

[우승팀]

**1** 대진표를 보고 알맞은 팀에 ◯표 하고, 빈칸에 알맞은 수를 써넣으시오.

① [ ] 와 [ ] 의 경기에서 ( [ ] / [ ] / [ ] )이 이겼습니다.

② 우승팀은 ( [ ] / [ ] / [ ] )입니다.

③ 총 경기 수는 [ ]번입니다.

**2** 세 나라의 축구 경기 점수판입니다. 빈 곳에 알맞은 붙임 딱지를 붙여 대진 표를 완성하시오.

붙임 딱지 국기

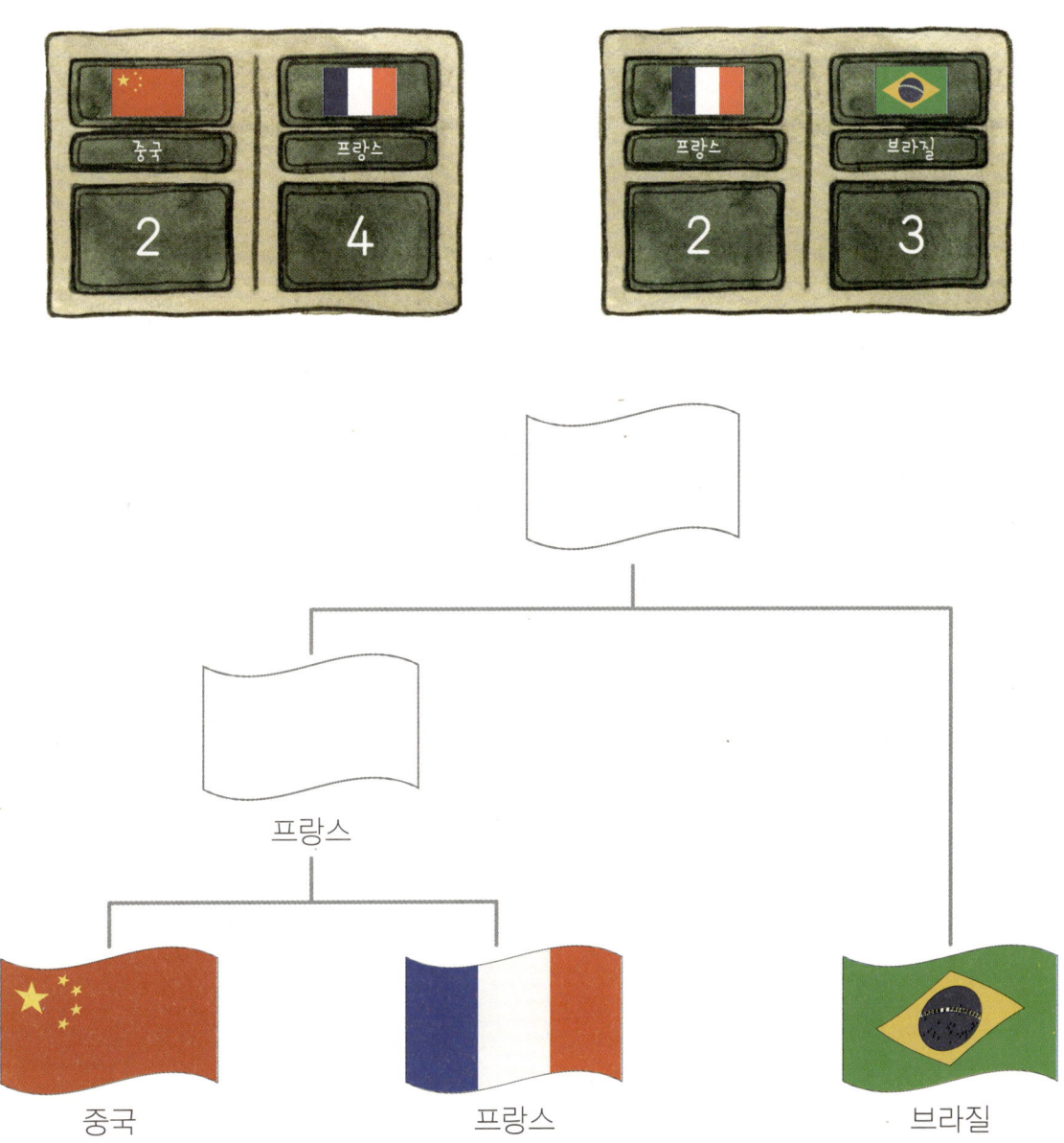

[축구 경기 2]

**3** 네 나라의 축구 경기 점수판입니다. 빈 곳에 알맞은 붙임 딱지를 붙여 대진 표를 완성하시오.

붙임 딱지 국기

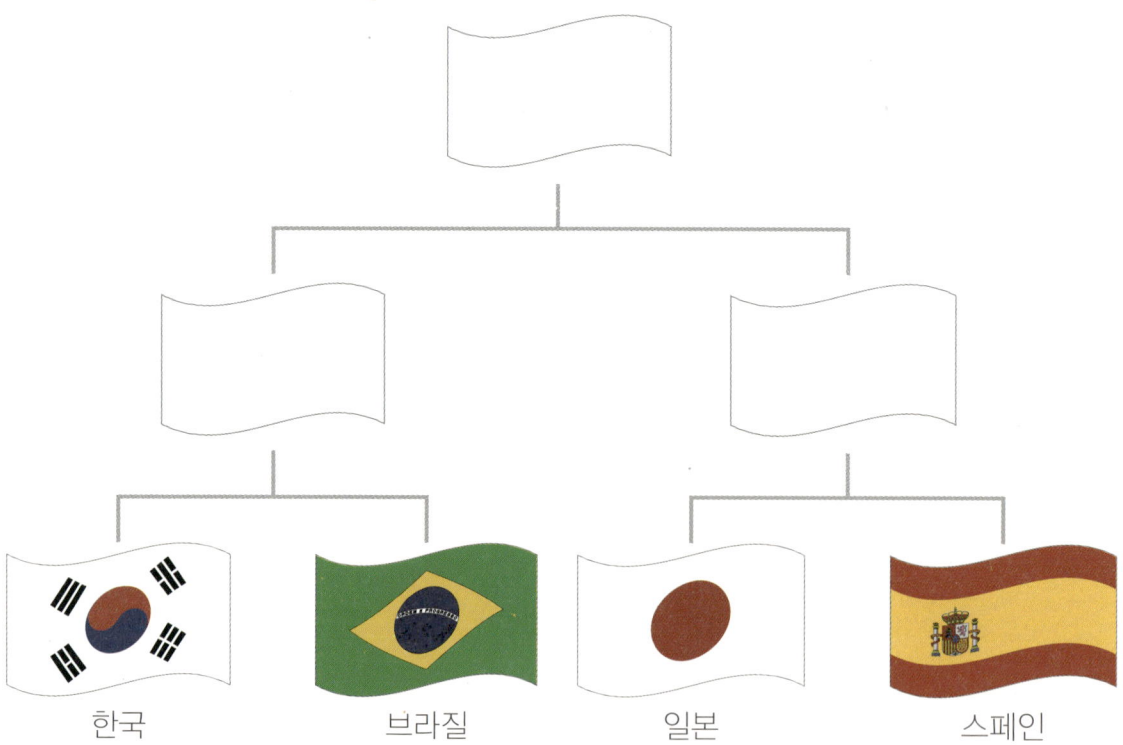

**4** 다섯 팀이 농구 경기를 합니다. 한 번이라도 지면 탈락한다고 할 때, 대진표를 그리는 방법은 여러 가지입니다. 서로 다른 3가지 방법으로 대진표를 그리고, 총 경기 수를 구하시오.

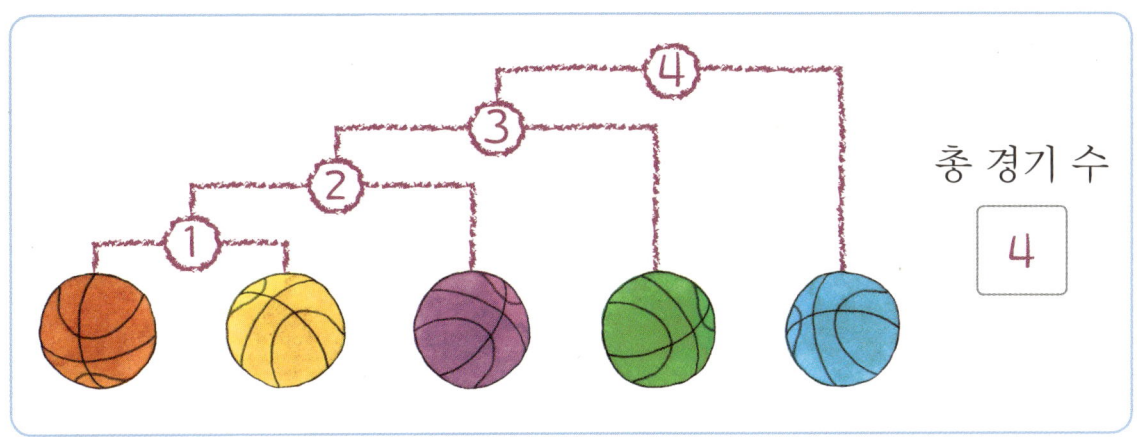

총 경기 수

4

총 경기 수

총 경기 수

# 가위바위보 월드컵

가위바위보 월드컵 게임을 해 봅시다.

## 게임 방법

**1** 가위바위보 카드를 나누어 가진 후, 대진표 위에 뒤집어 올려놓습니다.

**2** 카드를 뒤집어 가위바위보 결과를 확인합니다. 이긴 카드는 대진표를 따라 올라가고, 진 카드는 제자리에 둡니다. 만약 비겼다면 다른 카드를 놓습니다.

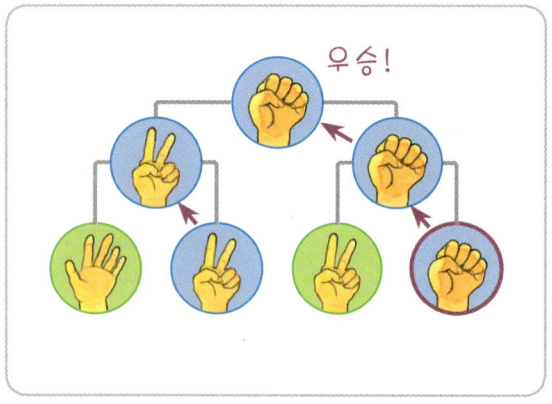

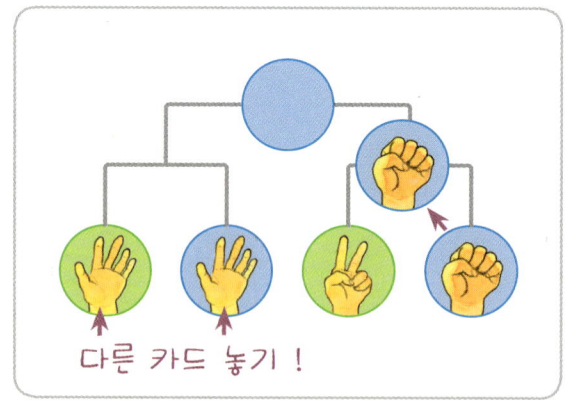

**3** 여러 가지 대진표를 직접 그려 게임을 해 봅니다.

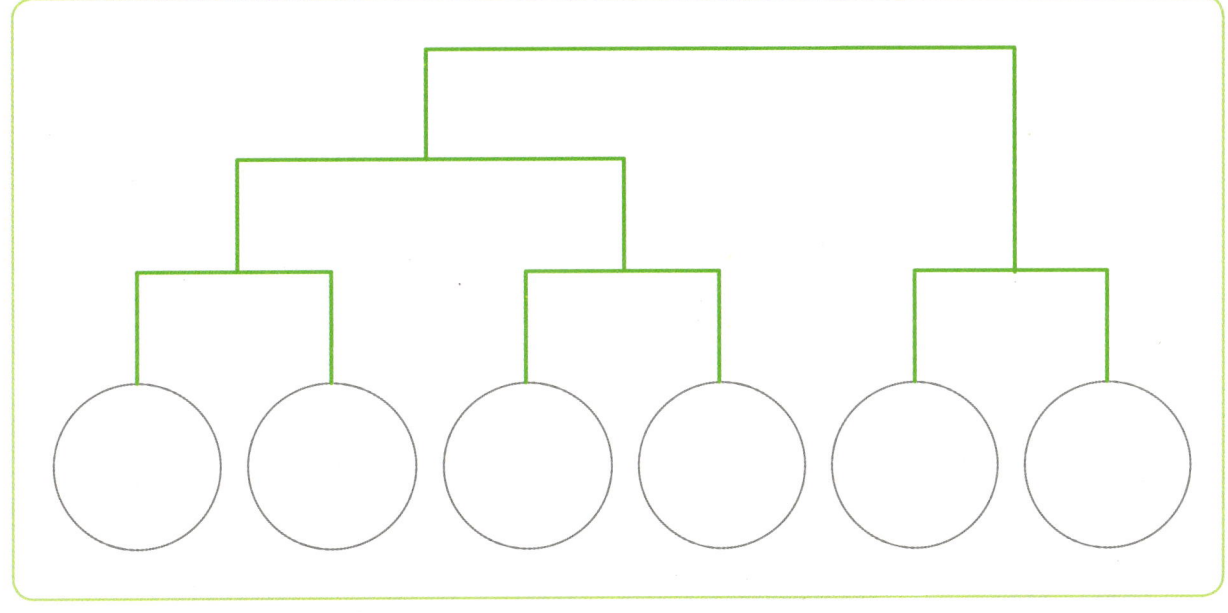

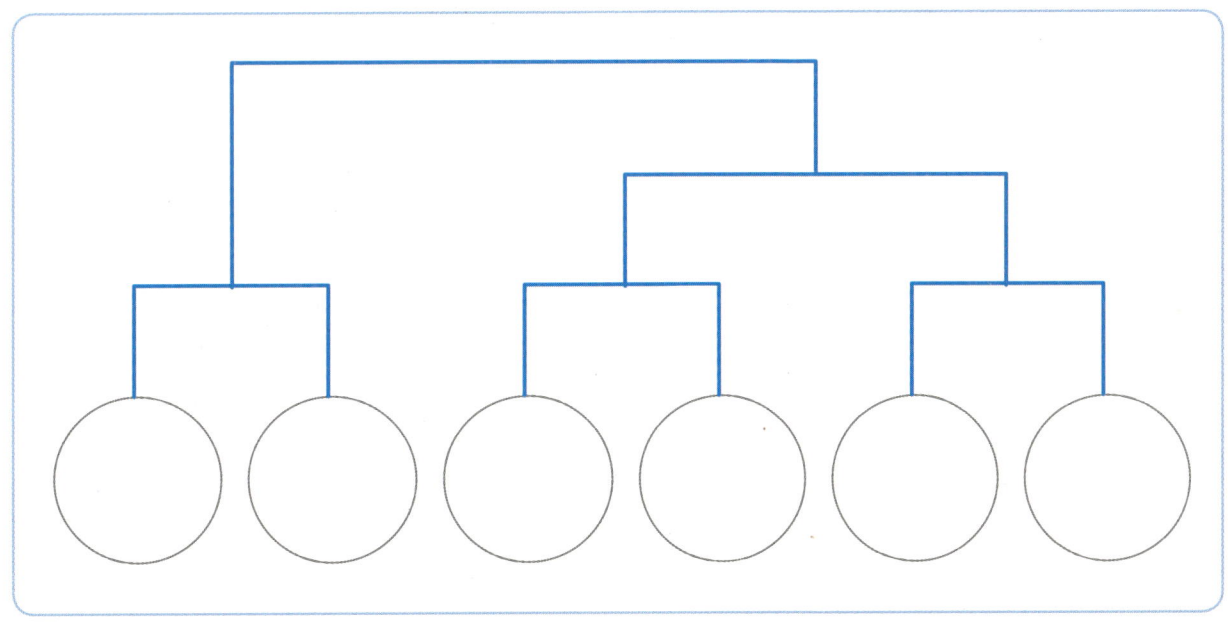

브라질, 프랑스, 스페인 세 나라의 축구 경기 결과입니다.

브라질
3

프랑스
0

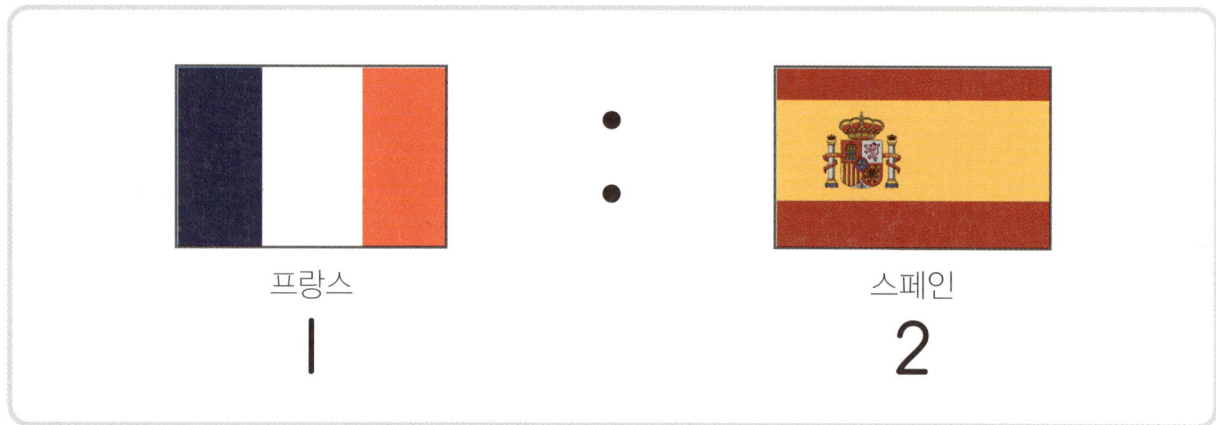

프랑스
1

스페인
2

스페인
5

브라질
2

세 나라가 모두 한 번씩 경기를 했습니다. 경기 결과를 한눈에 알아볼 수 있도록 그림을 완성하시오.

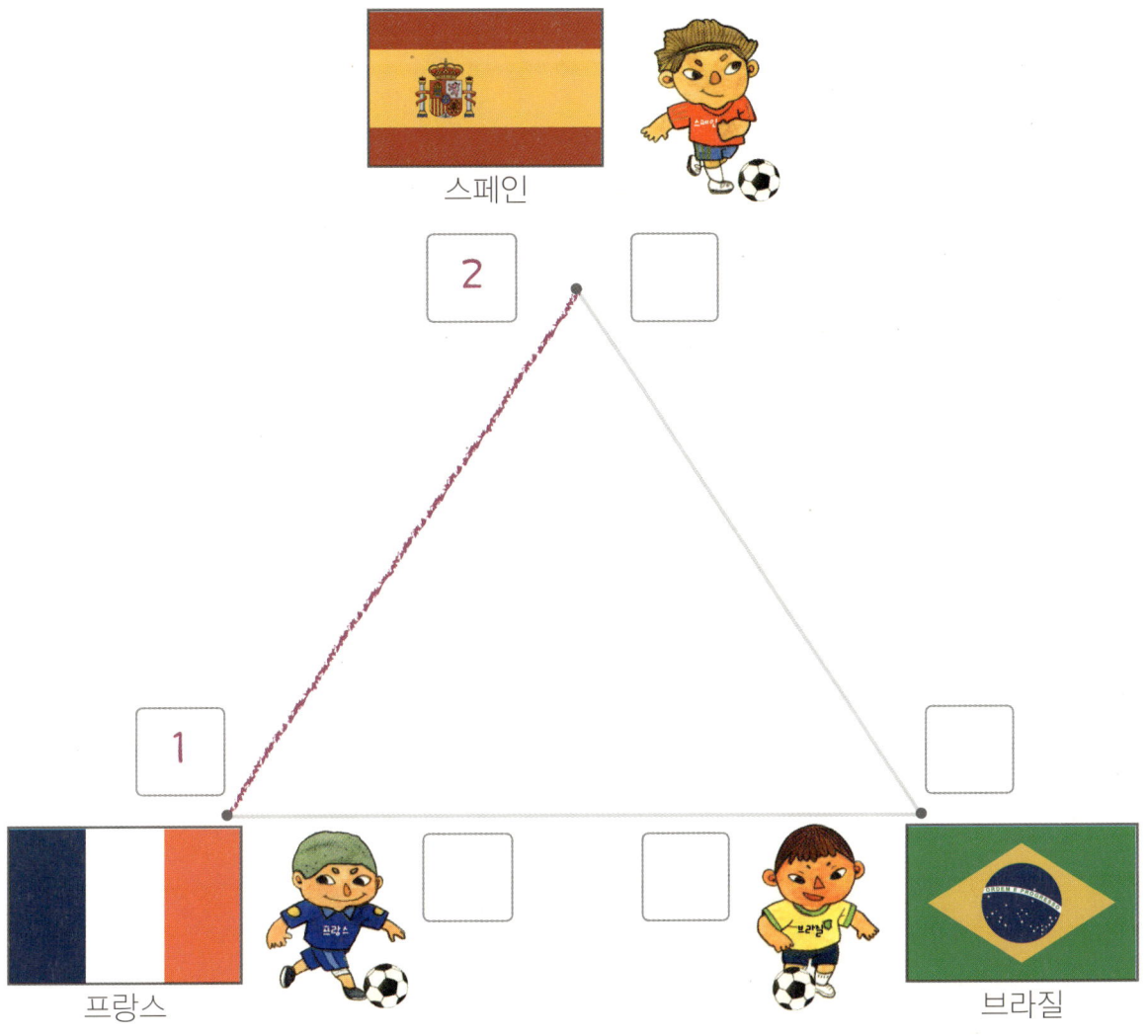

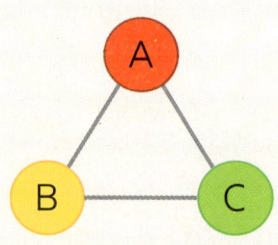

경기 1　A － B

경기 2　B － C

경기 3　C － A

- 경기에 참가한 팀이 다른 모든 팀들과 겨루는 경기 방식입니다.

- 세 팀이 참가하면 한 팀은 다른 두 팀과 한 번씩 경기를 합니다.

- 참가한 팀을 점으로, 경기를 선으로 나타내면 경기를 해야 하는 팀과 경기 수를 알 수 있습니다.

**1** 리그 방식의 경기를 그림으로 나타낸 것입니다. 빈칸에 알맞은 수를 써넣으시오.

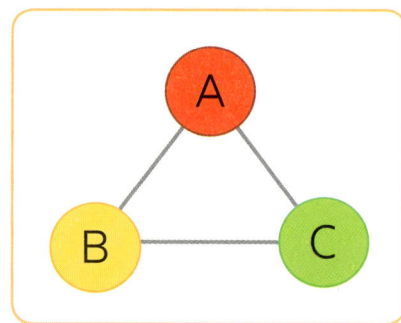

- A, B, C ☐ 개의 팀이 참가합니다.

- B 팀은 ☐ 번 경기를 합니다.

- 경기는 A와 B, B와 C, C와 A, 모두 ☐ 번 합니다.

**2** 리그 방식의 경기를 그림으로 나타낸 것입니다. 빈칸에 알맞은 수를 써넣으시오.

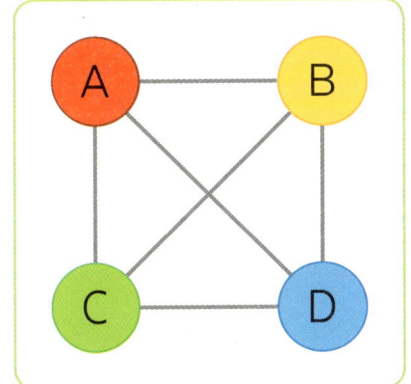

-  개의 팀이 참가합니다.

-  팀은 ☐ 번 경기를 합니다.

- 경기는 모두 ☐ 번 합니다.

**3** 다섯 명이 서로 한 번씩 경기를 합니다. 경기 방식을 그림으로 나타내고, 경기 수를 쓰시오.

총 경기 수 : ☐ 번

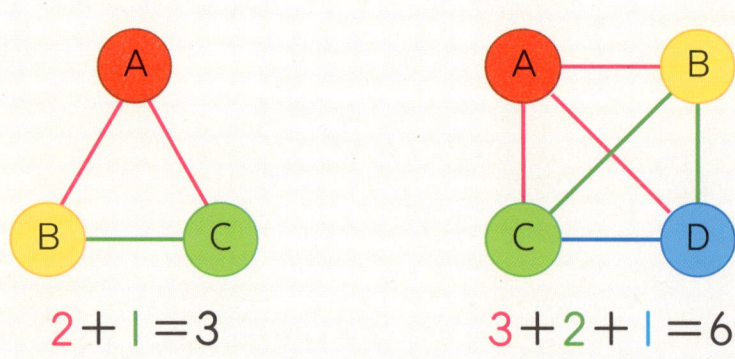

$$2+1=3 \qquad\qquad 3+2+1=6$$

- 리그의 총 경기 수는 모든 팀을 한 번씩 이을 수 있는 선의 개수 와 같습니다.

- 세 팀의 총 경기 수는 2+1=3입니다.

- 네 팀의 총 경기 수는 3+2+1=6입니다.

**1**  다섯 팀이 리그 방식의 농구 경기를 합니다. 그림을 보고 경기 수를 구하는 식을 완성하시오.

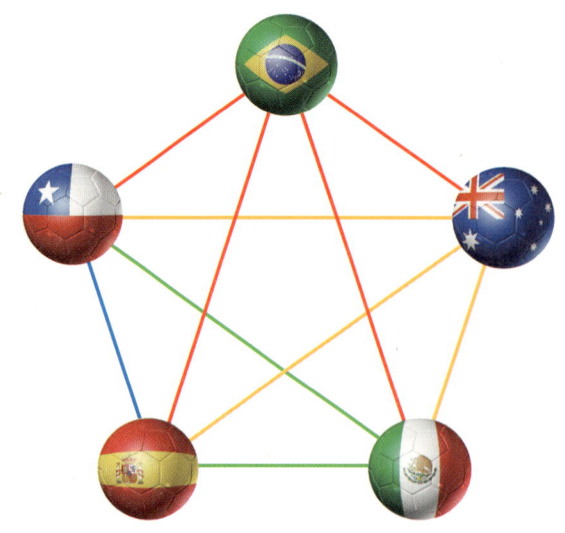

총 경기 수 : ☐4 + ☐ + ☐ + ☐ = ☐ (번)

**2** 6개의 점을 모두 한 번씩 잇는 선을 그리고, 선의 개수를 구하시오.

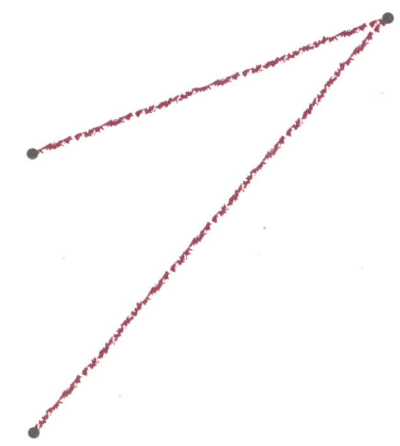

선의 개수 : ☐ + ☐ + ☐ + ☐ + ☐ = ☐ (개)

**3** 일곱 명이 서로 한 번씩 경기를 한다고 할 때, 총 경기 수를 구하시오.

☐ + ☐ + ☐ + ☐ + ☐ + ☐ = ☐ (번)

서로 한 번씩 경기하면
리그 방식이네.

[선의 수]

**1** 점과 점을 모두 한 번씩 잇는 선을 그리고, 선의 개수를 구하시오.

| 점의 개수 | 선 그리기 | 선의 개수 |
|---|---|---|
| 2개 | •━━━• | 1개 |
| 3개 | | |
| 4개 | | |

**2** 우리나라의 다섯 지역 중 두 지역의 안테나를 연결하면 방송을 함께 볼 수 있다고 합니다. 두 지역을 모두 한 번씩 선으로 연결하고, 선의 개수를 구하시오.

선의 개수 : ☐ 개

**3** [탁구]

두 사람이 한 팀이 되어 경기하는 복식 탁구를 하기 전 서로 악수를 하려고 합니다. 같은 팀끼리는 악수하지 않고, 상대 팀과는 모두 한 번씩 악수를 합니다. 악수하는 사람끼리 선으로 연결하시오.

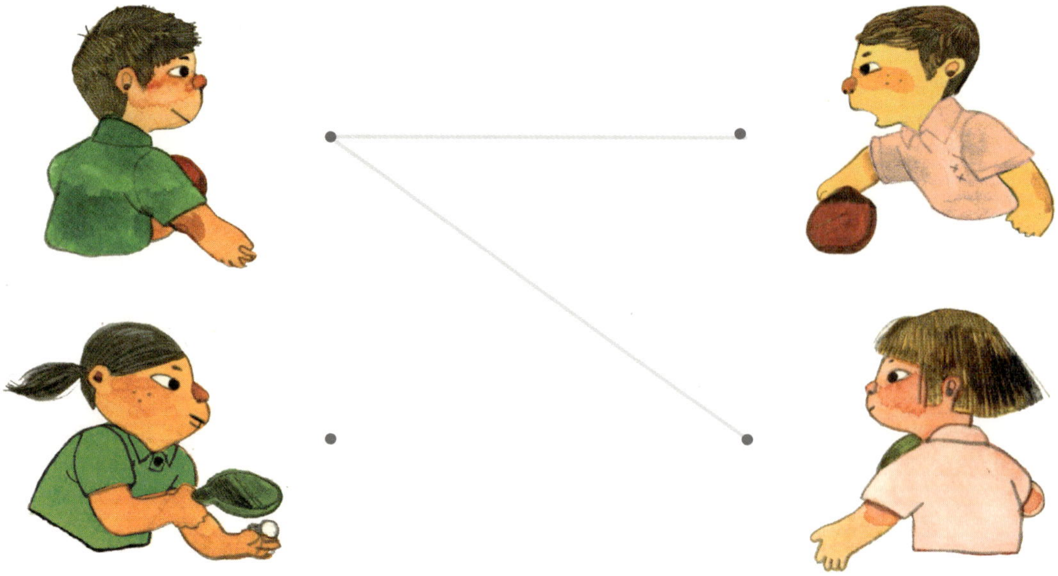

[미식 축구]

**4** 스포츠에서는 정당한 대결을 하자는 뜻으로 경기 전 각 팀의 주장끼리 서로 악수를 합니다. 미식 축구 경기 전 네 팀의 주장들이 악수를 하려고 합니다. 악수하는 사람끼리 선으로 연결하고 악수는 모두 몇 번을 하게 되는지 구하시오.

악수는 모두 [ ] 번 합니다.

> **Tip**
> 악수를 하는 횟수와 리그전의 경기 수가 같습니다.

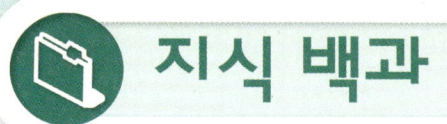

## 지식 백과 아이스하키

얼음 위에서 하는 아이스하키는 각각 6명으로 이루어진 두 팀이 상대 팀의 골대에 퍽을 넣는 운동 경기입니다.

**복장**

스케이트를 신고 얼음 위를 달리기 때문에 보호 장비를 착용합니다.

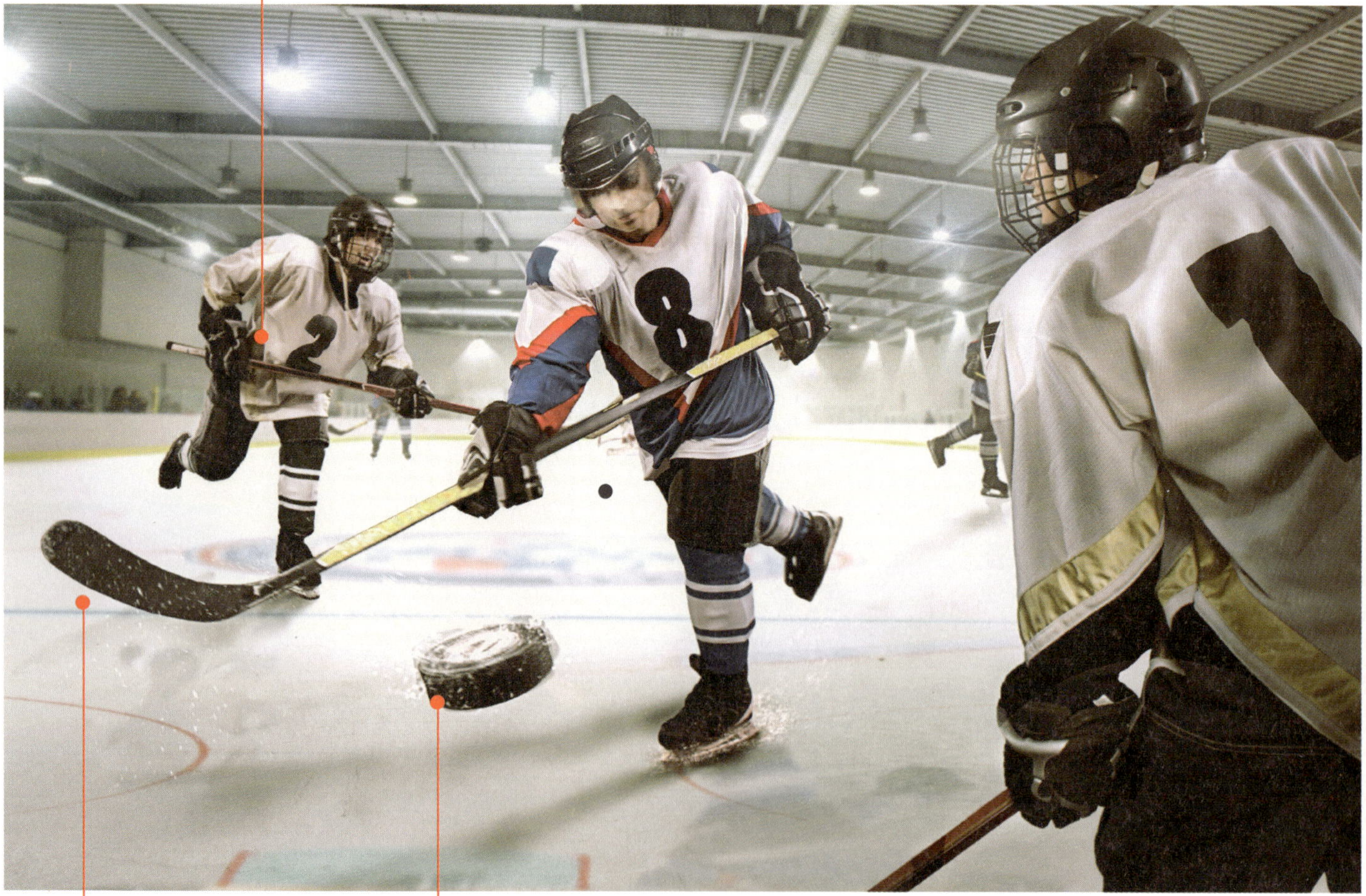

**스틱**

'ㄱ'자 모양의 막대로 선수들은 스틱으로만 퍽을 다룹니다.

**퍽**

아이스 하키에서 사용하는 고무로 된 공입니다.

아이스하키에서는 선수와 골키퍼의 복장과 스틱이 다릅니다.

**Q** 어느 팀이 우승일까요?

**A** 많은 팀이 참가하는 운동 경기는 리그와 토너먼트를 모두 이용합니다.
조를 나누어 리그를 하고 승점이 많은 팀들끼리 다시 한 번 토너먼트로 경기를 하여 우승팀을 가려냅니다.
아이스하키 토너먼트 경기에서 올라온 네 팀의 경기표를 보고, 우승 팀을 찾아보세요.

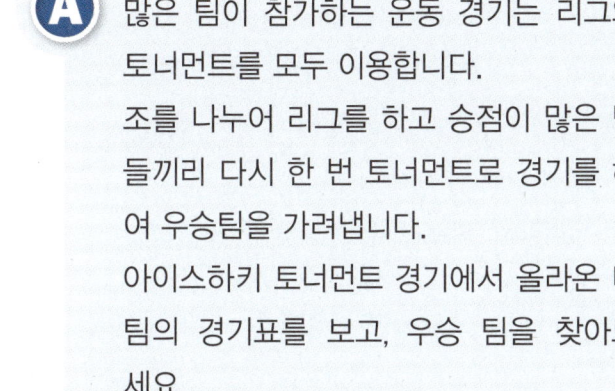

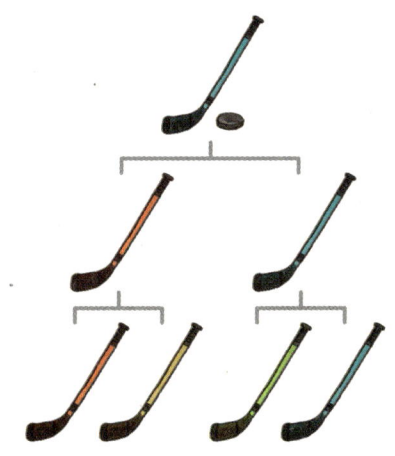

선수

골키퍼

# 스포츠 IV

# 목표물 맞히기 스포츠

목표물 맞히기 스포츠는 도구를 사용
하여 목표물을 맞히거나 도구를 목표
지점으로 보내는 경기입니다.

옛날 사람들은
나무와 돌로 새총을 만들어
날아가는 새를 잡는 데 사용했어요.

전쟁을 하는 사람들은
나무와 줄로 활과 화살을 만들어
적을 향해 쏘기도 했어요.

오늘날 사람들은
활과 화살을 튼튼하게 만들어
멀리 있는 표적을 맞히는 활쏘기 경기를 해요.

집중력을 발휘해서
과녁 가운데를 맞히기 위해 노력해야 해요.

옛날 이집트 사람들은
공을 굴려 나무 막대를 쓰러뜨리는 놀이를 했어요.
시간이 흘러 유럽 귀족들은
나무 막대 대신 고깔 모양 9개를 만들어
'9핀 쓰러뜨리기' 놀이를 했답니다.

오늘날 사람들은
이 놀이를 도구의 모양과 개수만 바꾸어
볼링이라는 운동으로 발전시켰어요.

공을 어느 방향으로 굴려야 할지 생각하여
많은 핀을 넘어뜨려야 해요.

볼링은 10개의 볼링 핀을 쓰러뜨리는 경기입니다. 볼링 핀을 보고 빈칸에 알맞은 수를 써넣어 봅시다.

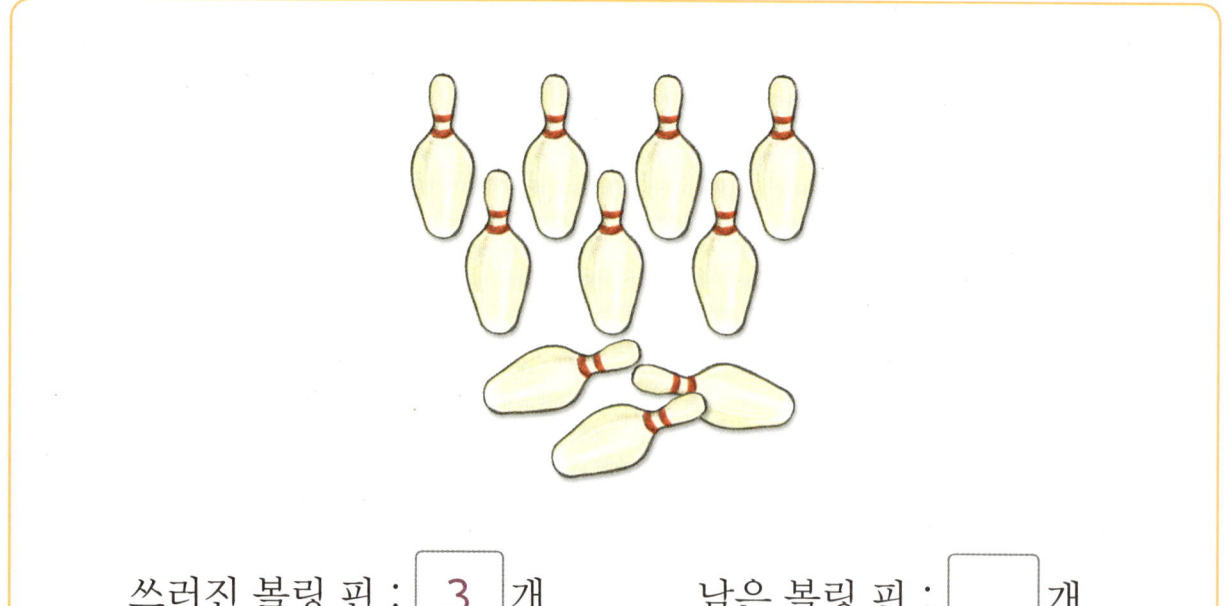

쓰러진 볼링 핀 : 3 개    남은 볼링 핀 : ☐ 개

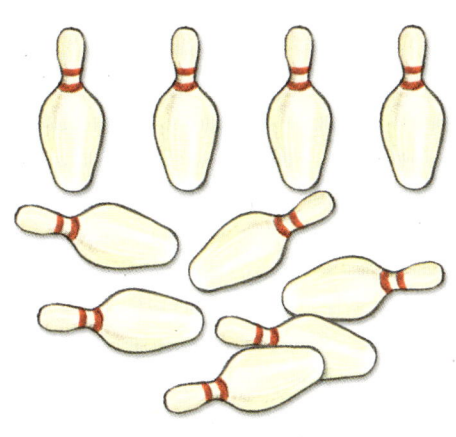

쓰러진 볼링 핀 : ☐ 개          남은 볼링 핀 : ☐ 개

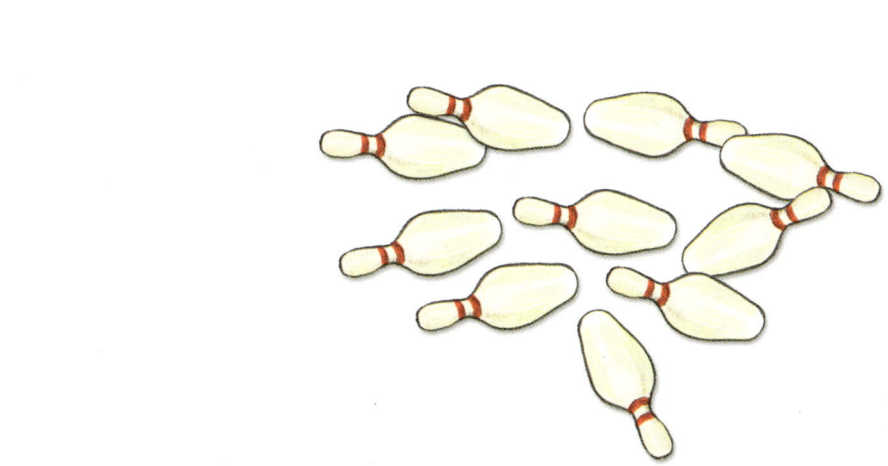

쓰러진 볼링 핀 : ☐ 개          남은 볼링 핀 : ☐ 개

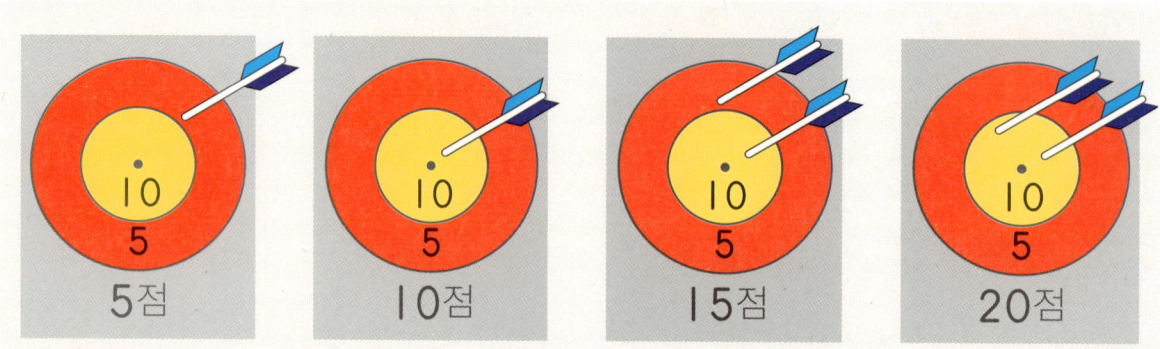

| 5점 | 10점 | 15점 | 20점 |

- 5, 10, 15, 20은 5씩 커지는 규칙이 있습니다.
　　+5　+5　+5
- 수가 커지는 규칙을 만들어 수를 배열할 수 있습니다.

　[3씩 커지는 규칙]　3, 6, 9, 12, 15, ……
　　　　　　　　　+3 +3 +3 +3

　[4씩 커지는 규칙]　1, 5, 9, 13, 17, ……
　　　　　　　　　+4 +4 +4 +4

**1**　수가 커지는 규칙을 찾아 빈칸에 알맞은 수를 써넣으시오.

**2** 수가 커지는 규칙을 찾아 빈칸에 알맞은 수를 써넣으시오.

3   5   7   9   11   13   ☐
  +2

2   5   8   11   14   ☐   ☐
  +3

4   8   12   ☐   20   24   ☐

**3** 규칙에 맞게 빈칸에 알맞은 수를 써넣으시오.

3씩 커지는 규칙

3   ☐   ☐   ☐   ☐   ☐   ☐

5씩 커지는 규칙

1   6   ☐   ☐   ☐   ☐   ☐

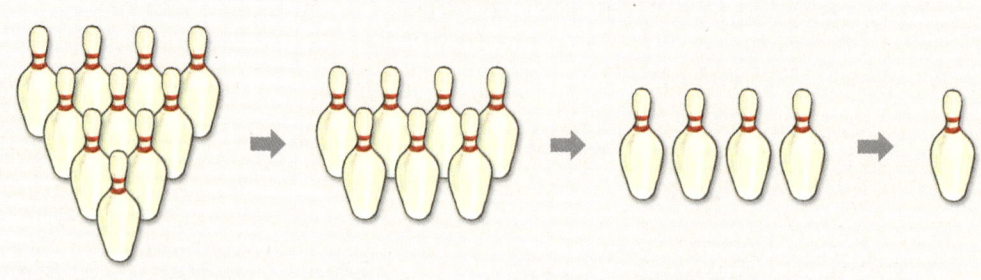

- 볼링 핀이 10개, 7개, 4개, 1개 남아 있습니다.

- 10, 7, 4, 1은 3씩 작아지는 규칙이 있습니다.

- 수가 작아지는 규칙을 만들어 수를 배열할 수 있습니다.

**1** 수가 작아지는 규칙을 찾아 빈 곳에 그림을 그리고, 알맞은 수를 써넣으시오.

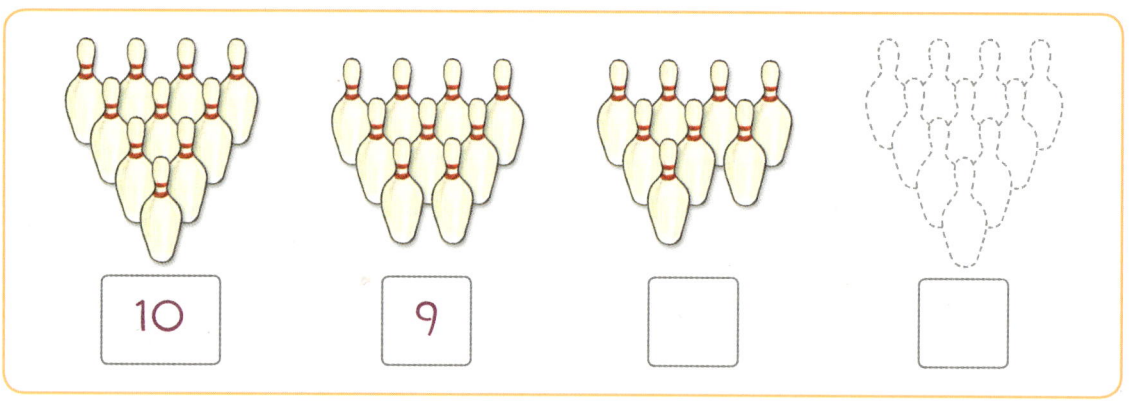

| 10 | 9 |  |  |

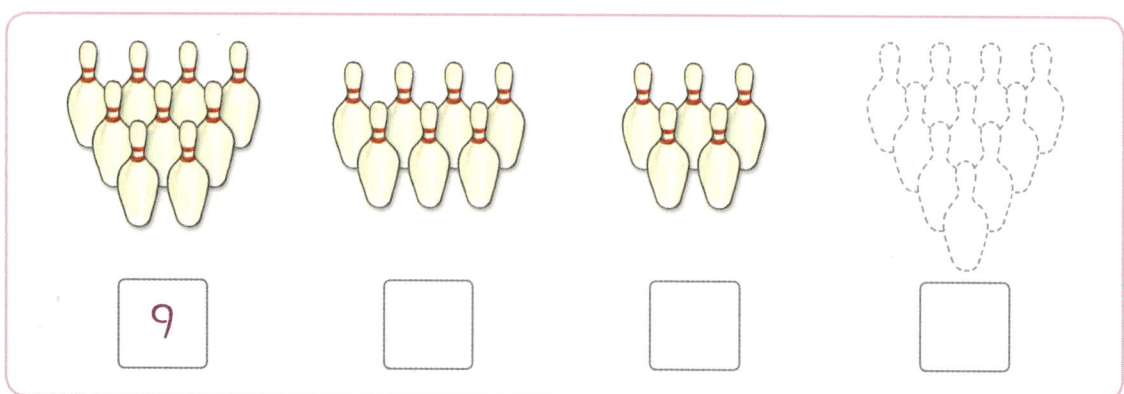

| 9 |  |  |  |

**2** 수가 작아지는 규칙을 찾아 빈칸에 알맞은 수를 써넣으시오.

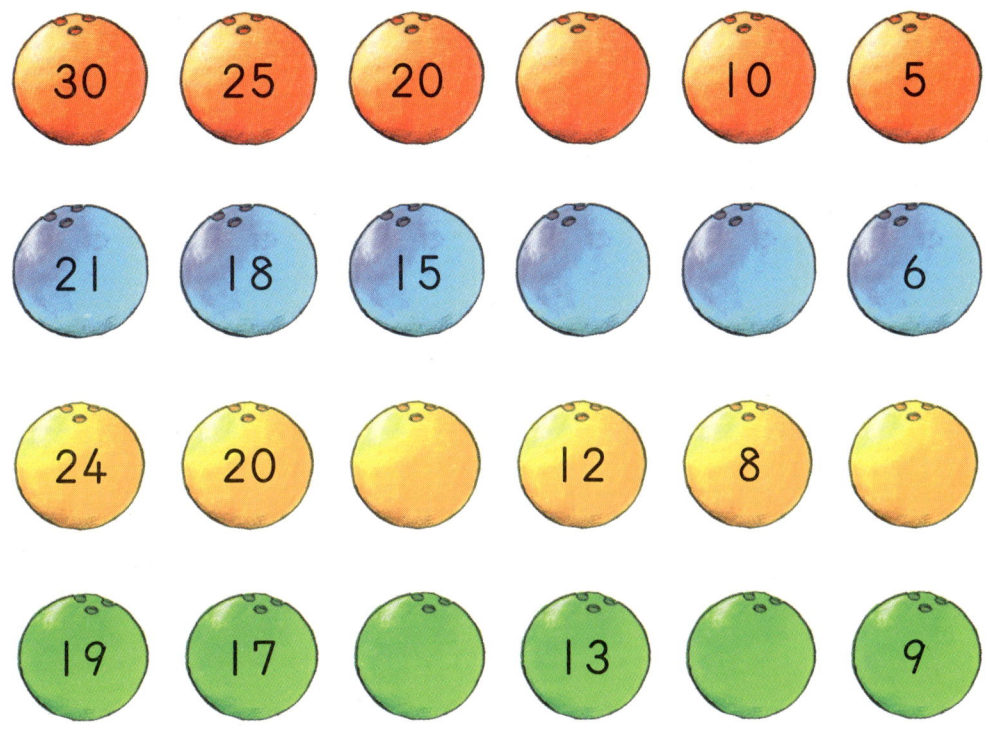

30  25  20  ( )  10  5

21  18  15  ( )  ( )  6

24  20  ( )  12  8  ( )

19  17  ( )  13  ( )  9

**3** 2씩 작아지는 규칙에 맞게 수를 따라 선을 이으시오.

| 14 | 12 | 11 | 7 |
|----|----|----|----|
| 9 | 10 | 8 | 5 |
| 10 | 7 | 6 | 4 |

# 스토리텔링 창의수학

[활]

**1** 활을 쏘아 화살을 표적에 맞히는 경기를 하려고 합니다. 활을 쏘는 거리의 규칙을 찾아 알맞은 곳에 활을 붙여 보시오.

붙임 딱지 활

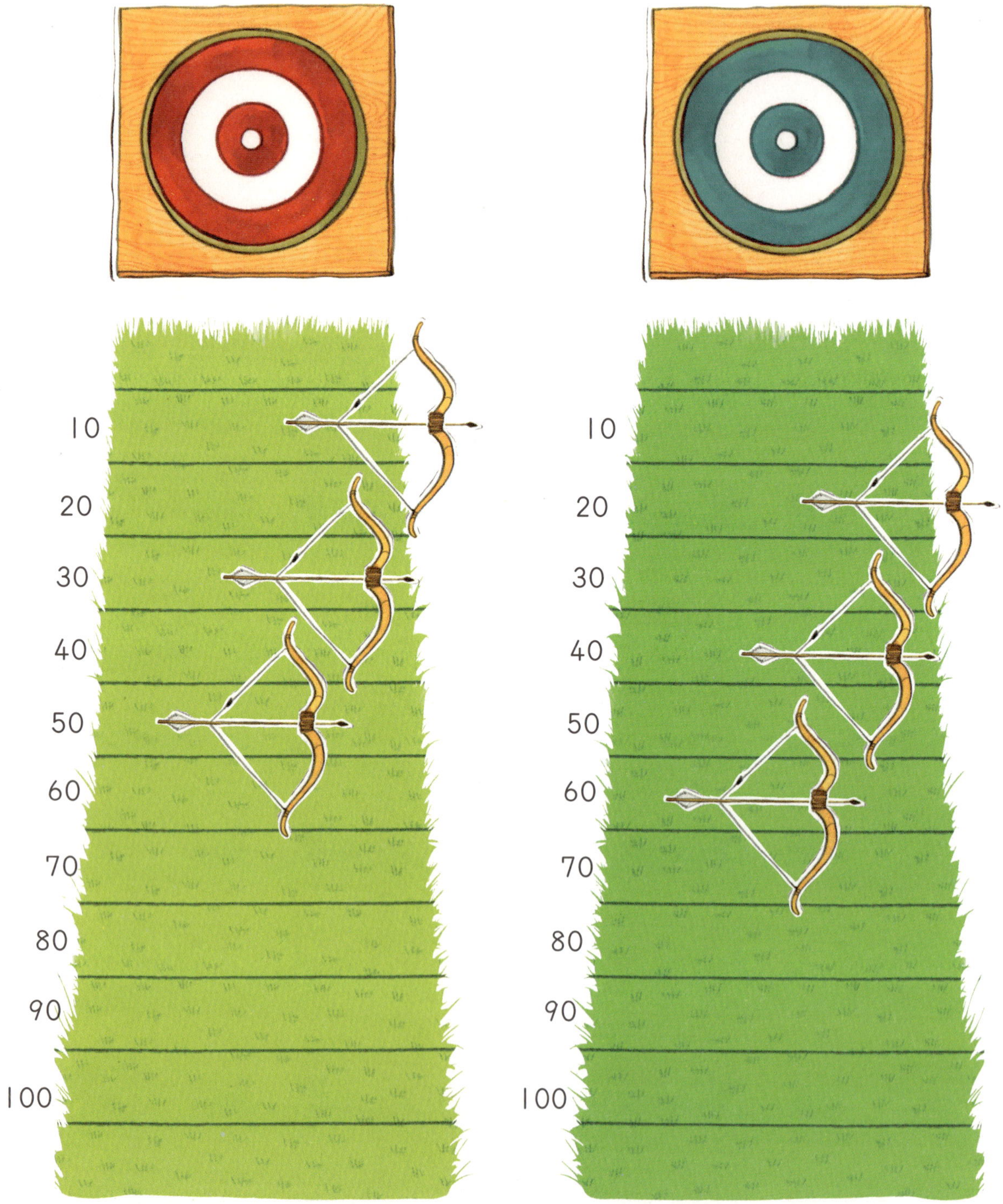

10
20
30
40
50
60
70
80
90
100
10
20
30
40
50
60
70
80
90
100

**2** 국궁은 활을 쏘아 표적을 맞히는 우리나라의 전통 스포츠입니다. 표적에 쓰여 있는 수들의 규칙을 찾아 빈 곳에 알맞은 수를 써넣으시오.

[화살]

**3** 표적에 써 있는 수는 점수를 나타냅니다. 각 표적을 맞혀 얻은 점수를 구하고, 규칙에 따라 마지막 표적에 3개의 화살을 알맞게 붙여 보시오.

붙임 딱지 화살

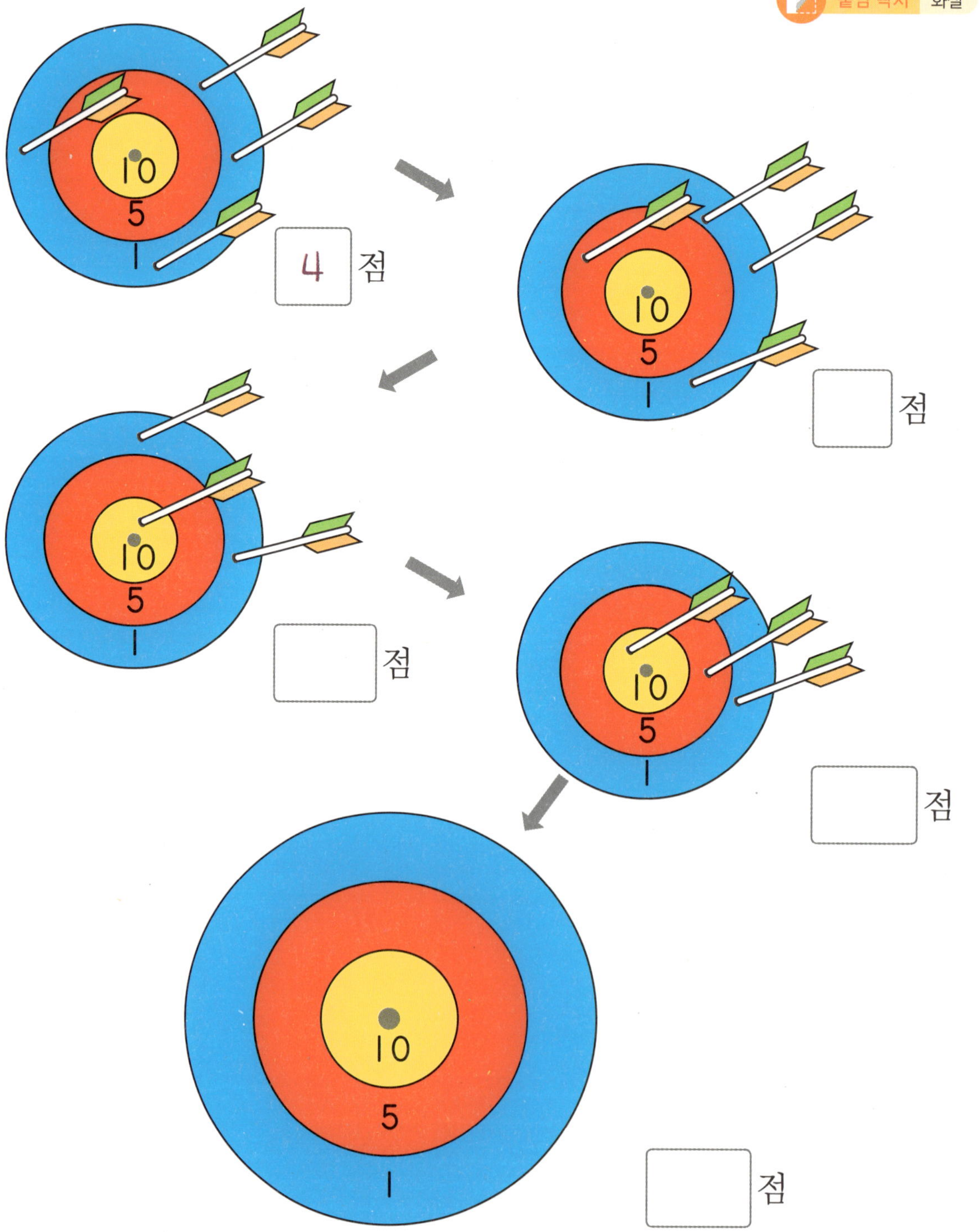

$\boxed{4}$ 점

$\boxed{\phantom{0}}$ 점

$\boxed{\phantom{0}}$ 점

$\boxed{\phantom{0}}$ 점

$\boxed{\phantom{0}}$ 점

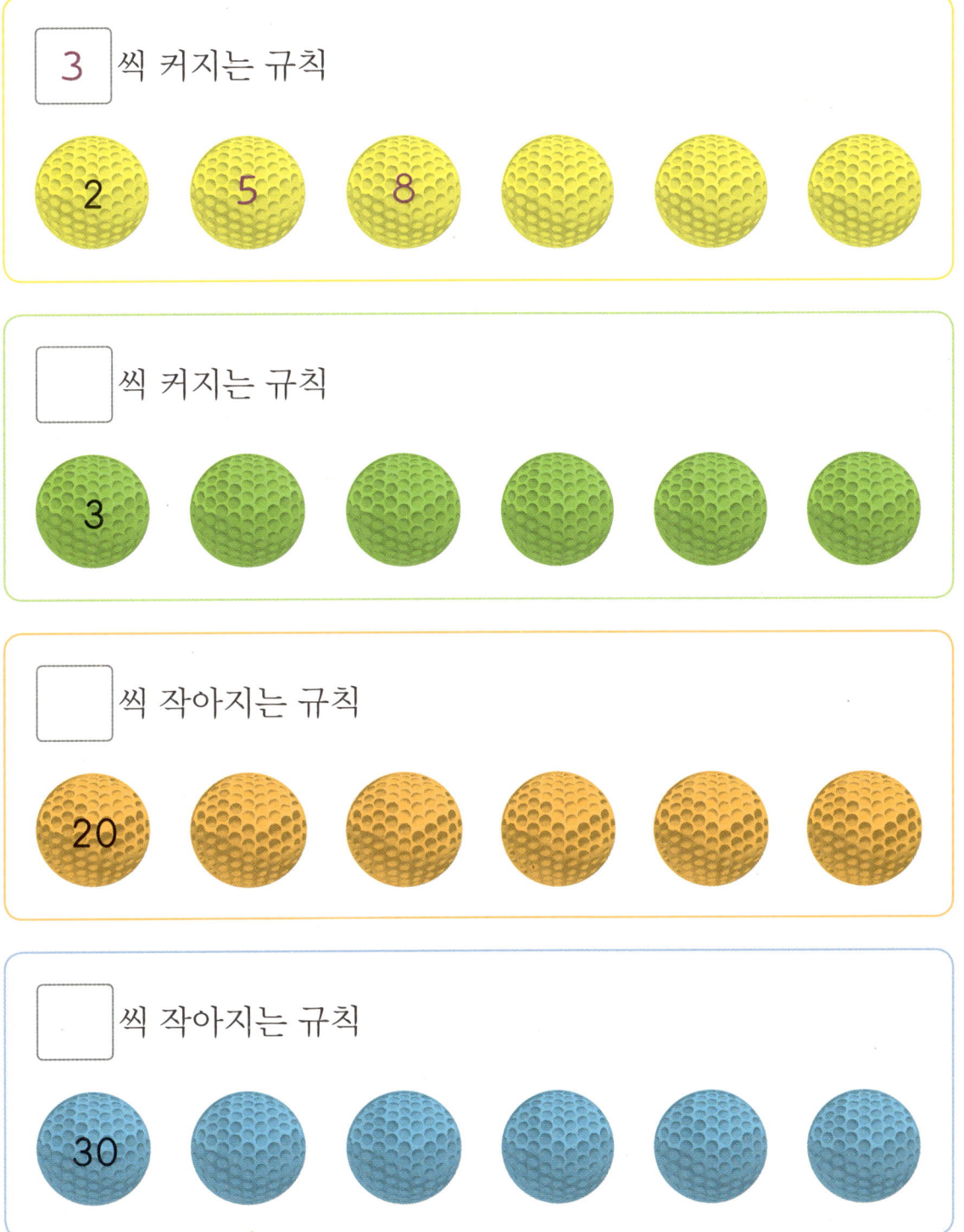

[규칙]

**4** 규칙을 만들고 규칙에 따라 수를 써보시오.

3 씩 커지는 규칙

2    5    8

씩 커지는 규칙

3

씩 작아지는 규칙

20

씩 작아지는 규칙

30

# 표적 맞히기

칩을 표적 안으로 튕겨 넣어 점수를 얻는 게임을 해 봅시다.  **준비물** 표적 게임판, 칩

**게임 방법**

❶ 칩이 표적 안으로 들어가도록 칩을 튕기고, 칩의 위치를 확인하여 점수를 기록합니다.

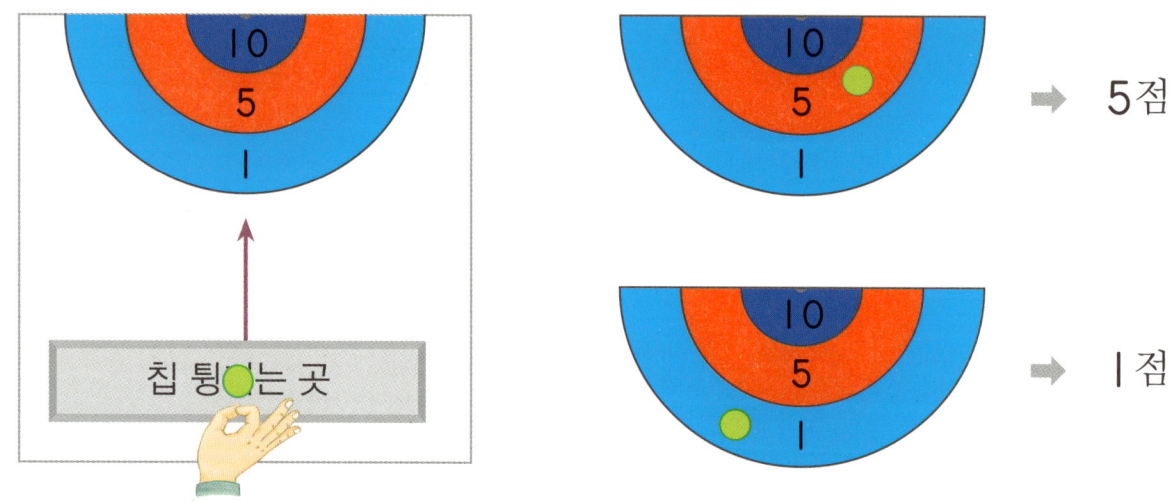

❷ 칩을 튕겨 **3**번 안에 목표 점수를 얻으면 성공, 얻지 못하면 실패입니다.

목표 점수 : 15점

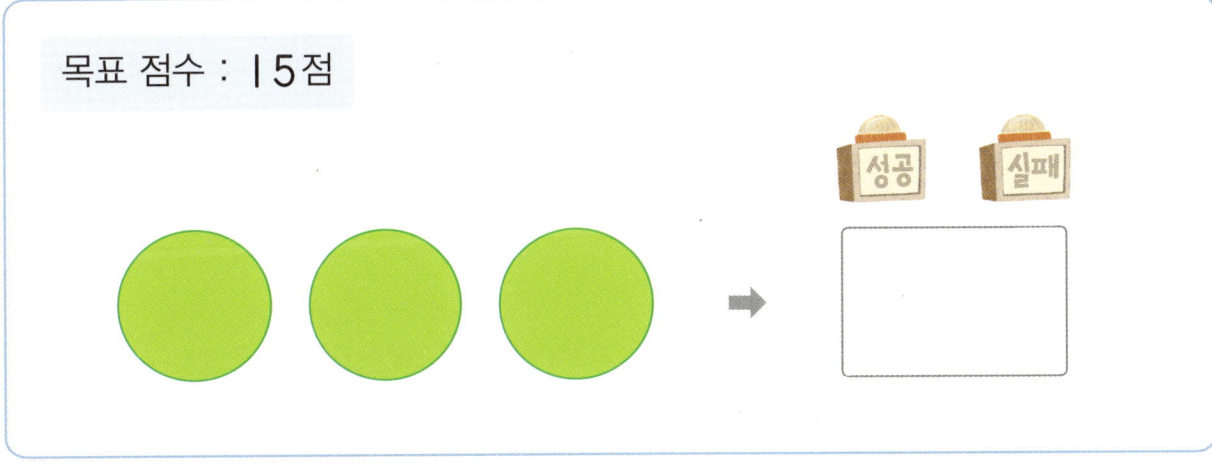

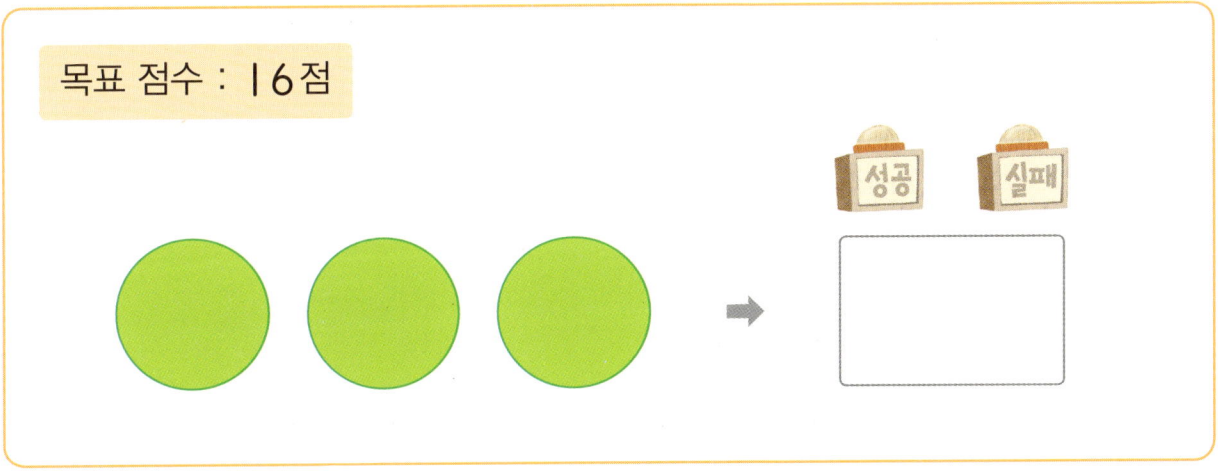

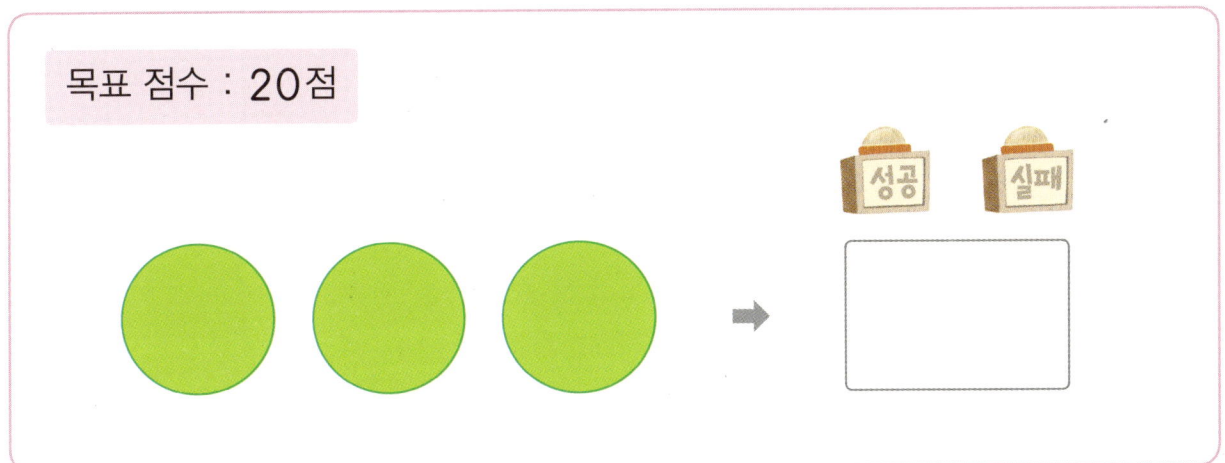

다트는 짧은 화살을 손으로 던져 다트 판에 맞히는 경기입니다. 세 가지 색 화살을 규칙에 따라 던지려고 합니다. 규칙을 찾아 빈 곳에 알맞게 색칠해 봅시다.

| 1회 | 2회 | 3회 | 4회 |
|---|---|---|---|
| | | | |
| 5회 | 6회 | 7회 | 8회 |
| | | | |
| 9회 | 10회 | 11회 | 12회 |
| | | | |
| 13회 | 14회 | 15회 | 16회 |
| | | | |

서서 쏘기

앉아서 쏘기

엎드려서 쏘기

서서, 앉아서, 엎드려서 쏘기를 반복하여 사격 연습을 합니다.

| 서서 | 1 | 4 | 7 | 10 | 13 |
|---|---|---|---|---|---|
| 앉아서 | 2 | 5 | 8 | 11 | 14 |
| 엎드려서 | 3 | 6 | 9 | 12 | 15 |

➡ **8번째**에는 앉아서 쏘았습니다.

➡ **15번째**에는 엎드려서 쏘았습니다.

**1** 권총과 소총으로 번갈아 가며 사격 연습을 하려고 합니다. 표를 완성하고, 10일에 연습하는 총을 찾아 ○표 하시오.

공기 권총

공기 소총

| 1일 | 2일 | 3일 | 4일 | 5일 |
|---|---|---|---|---|
| 권총 | 소총 | 권총 | 소총 | |
| 6일 | 7일 | 8일 | 9일 | 10일 |
| | | | | |

**2** 세 명의 선수가 돌아가며 사격을 하고 있습니다. 10번째 사격을 하는 선수에 ○표 하시오.

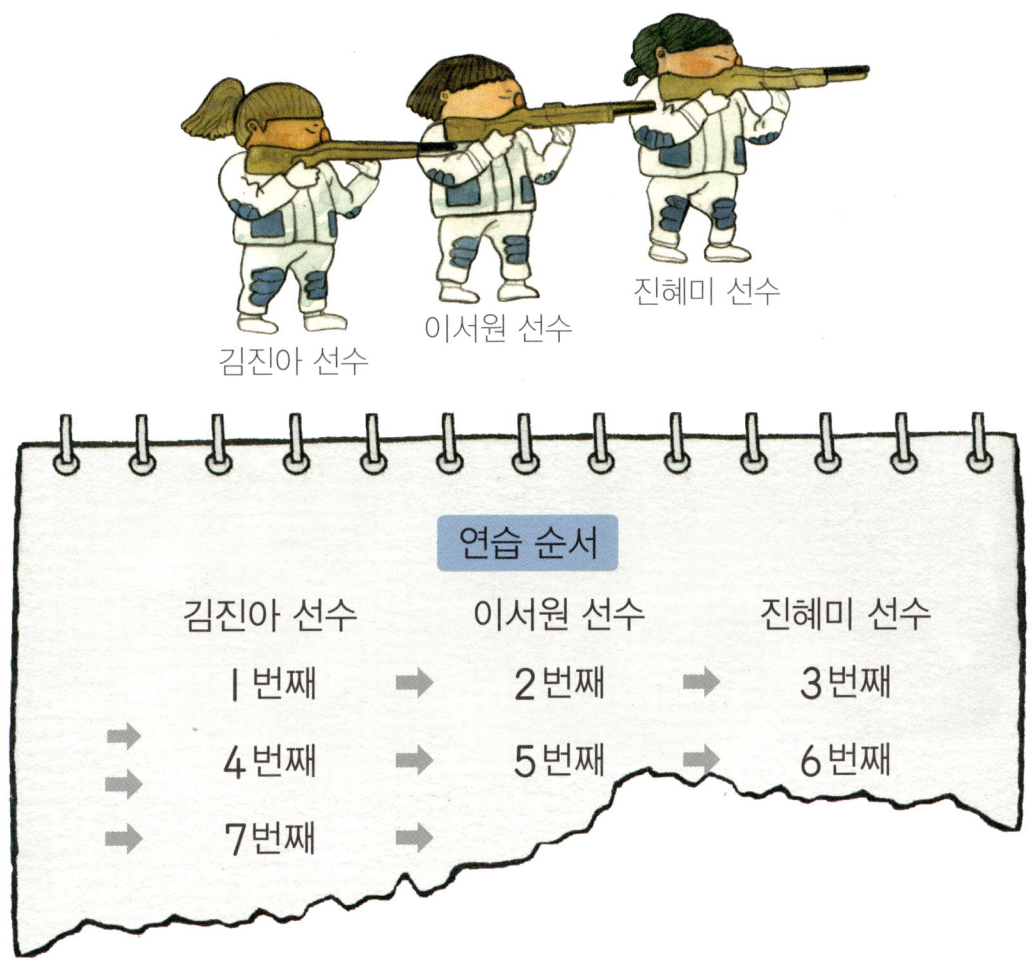

김진아 선수    이서원 선수    진혜미 선수

연습 순서

| 김진아 선수 | | 이서원 선수 | | 진혜미 선수 |
|---|---|---|---|---|
| 1번째 | ➡ | 2번째 | ➡ | 3번째 |
| ➡ 4번째 | ➡ | 5번째 | ➡ | 6번째 |
| ➡ 7번째 | ➡ | | | |

**3** 두 선수가 10일 동안 하루씩 돌아가며 사격 연습을 하였습니다. 두 선수는 각각 며칠씩 연습하였는지 구하시오.

김진아 선수    진혜미 선수

# 수 배열 규칙

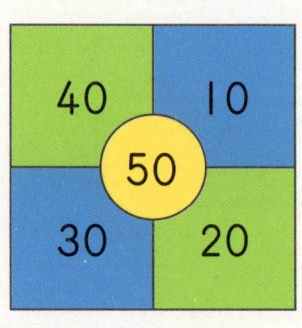

- 다트 판 위의 수는 점수를 나타냅니다.
- 수의 배열을 다르게 하여 여러 가지 다트 판과 게임 규칙을 만들 수 있습니다.

**1** 수가 배열된 규칙을 찾아 빈칸에 알맞은 수를 써넣으시오.

| 1 | 2 | 3 | 4 | 5 |
|---|---|---|---|---|
| 14 | 15 |  | 17 | 6 |
| 13 |  | 19 | 18 | 7 |
| 12 | 11 | 10 | 9 | 8 |

| 1 | 8 | 9 | 16 | 17 |
|---|---|---|---|---|
| 2 | 7 | 10 | 15 |  |
| 3 | 6 | 11 |  |  |
| 4 | 5 |  |  |  |

**2** 수가 배열된 규칙을 찾아 빈칸에 알맞은 수를 써넣으시오.

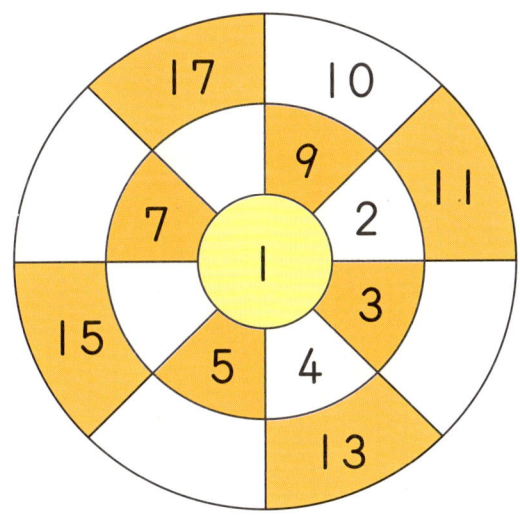 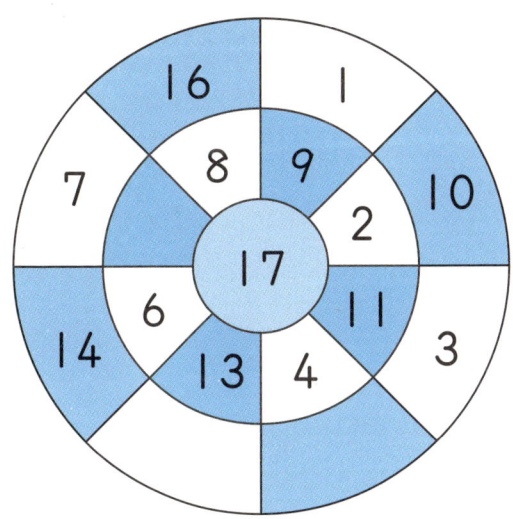

**3** 수가 배열된 규칙을 찾아 빈칸에 알맞은 수를 써넣으시오.

|    | 16 | 18 | 20 |
|----|----|----|----|
| 12 | 2  | 4  |    |
| 10 | 8  |    | 24 |
|    | 30 | 28 |    |

| 1  | 4  |    | 10 |
|----|----|----|----|
| 22 |    | 16 | 13 |
|    | 28 | 31 |    |
|    | 43 |    | 37 |

## 스토리텔링 창의수학

[사격]

**1** 한 회에 한 가지씩 모두 2가지 자세로 번갈아 가며 사격 연습을 하려고 합니다. 규칙을 찾아 알맞은 곳에 ○표 하시오.

| | | |
|---|---|---|
| 1회 | | |
| 2회 | | |
| 3회 | | |
| 4회 | | |
| 5회 | | |
| 6회 | | |
| ⋮ | ⋮ | |
| 16회 | | |
| ⋮ | ⋮ | |
| 20회 | | |

[규칙]

**2** 수가 배열된 규칙을 찾아 빈칸에 알맞은 수를 써넣으시오.

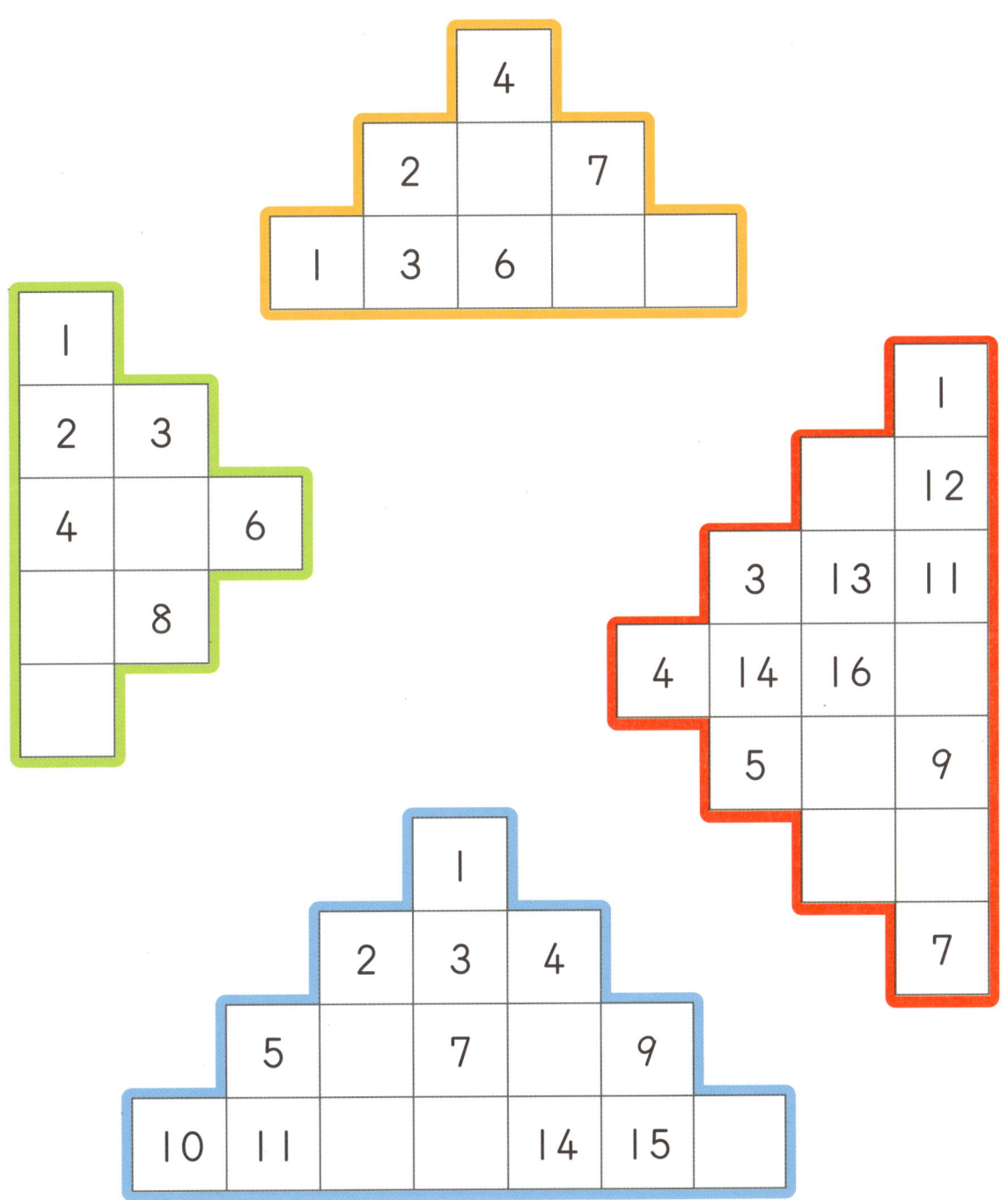

[달력]

**3** 사격, 양궁, 다트 경기를 돌아가며 연습하려고 합니다. 달력을 보고, ㅣㅣ일, ㅣ5일, ㅣ9일에 연습하는 경기를 찾아 붙임 딱지를 붙여 보시오.

붙임 딱지 사격, 양궁, 다트

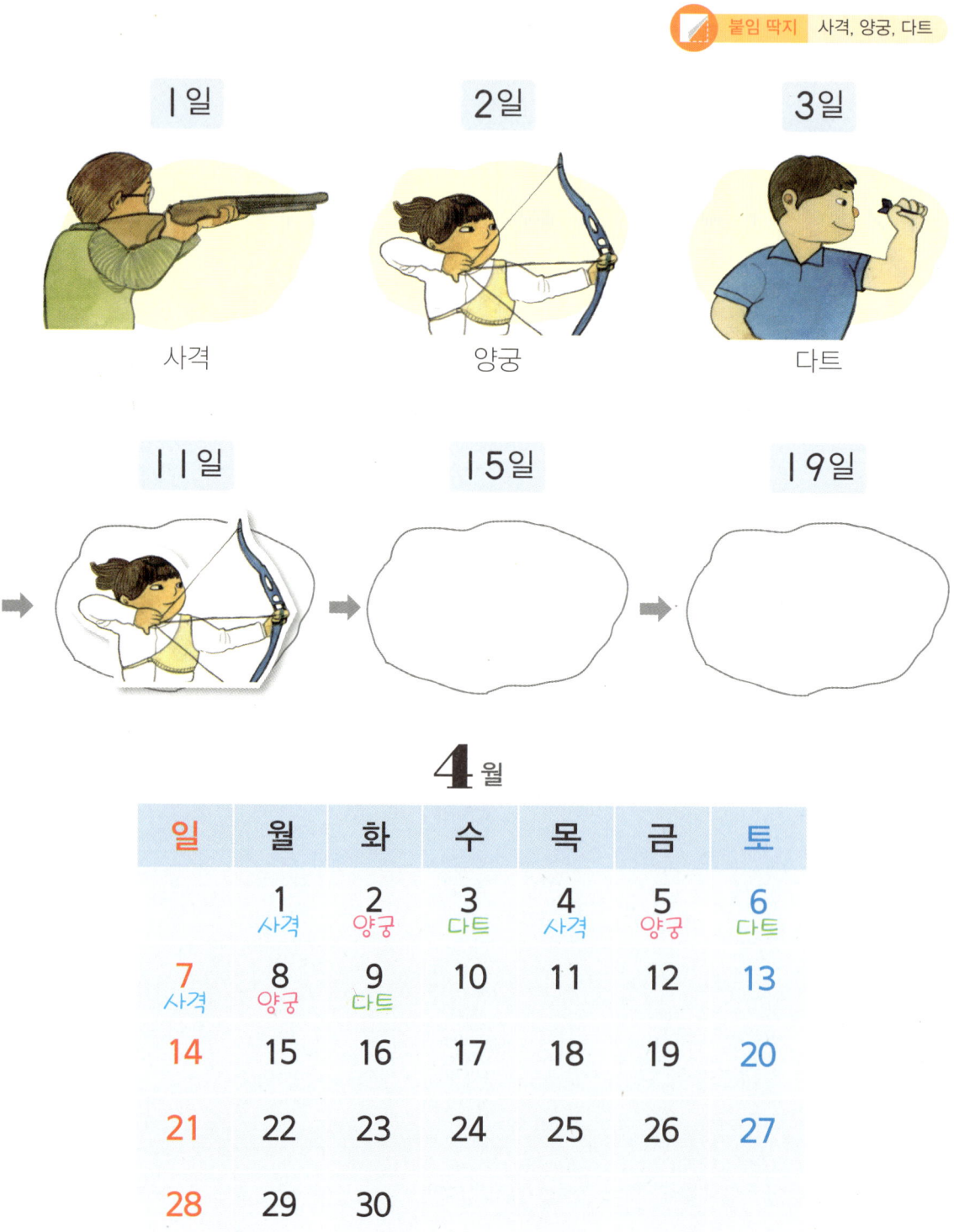

| | | ㅣ일 | | 2일 | | 3일 |
| 사격 | | 양궁 | | 다트 | | |

| | ㅣㅣ일 | | ㅣ5일 | | ㅣ9일 |

**4**월

| 일 | 월 | 화 | 수 | 목 | 금 | 토 |
|---|---|---|---|---|---|---|
| | 1<br>사격 | 2<br>양궁 | 3<br>다트 | 4<br>사격 | 5<br>양궁 | 6<br>다트 |
| 7<br>사격 | 8<br>양궁 | 9<br>다트 | 10 | 11 | 12 | 13 |
| 14 | 15 | 16 | 17 | 18 | 19 | 20 |
| 21 | 22 | 23 | 24 | 25 | 26 | 27 |
| 28 | 29 | 30 | | | | |

[관람석]

**4** 경기장 관람석 의자에 써 있는 수들의 규칙을 찾아 빈 곳에 알맞은 수를 써 넣으시오.

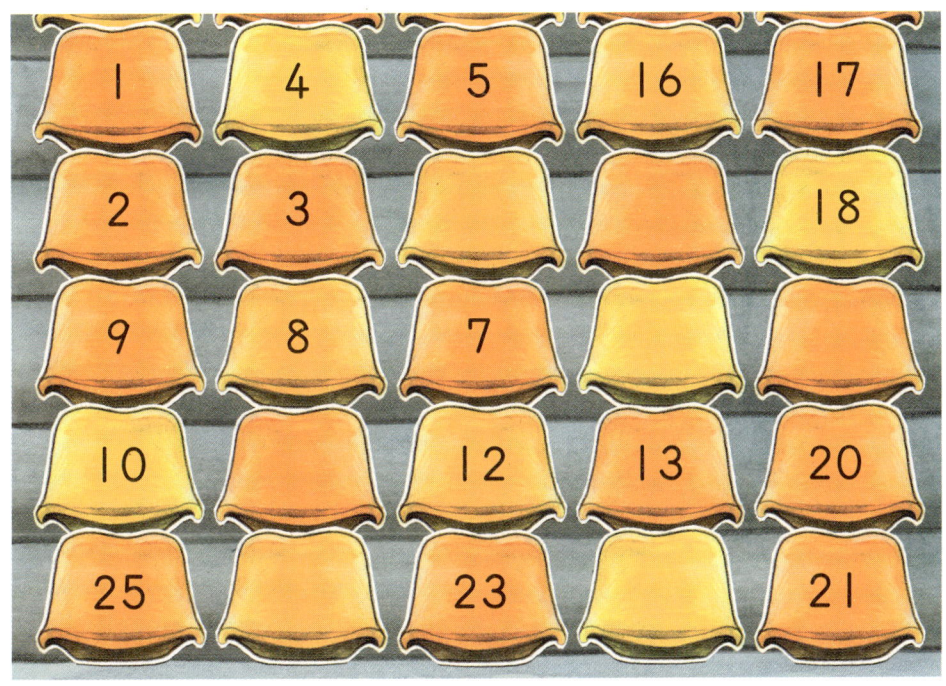

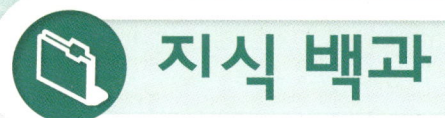

# 지식 백과 바이애슬론

바이애슬론은 두 가지 경기라는 뜻입니다. 크로스컨트리와 사격이 결합된 것으로, 스키를 신고 일정한 거리를 다니며 정해진 사격장에서 사격을 하는 경기입니다.

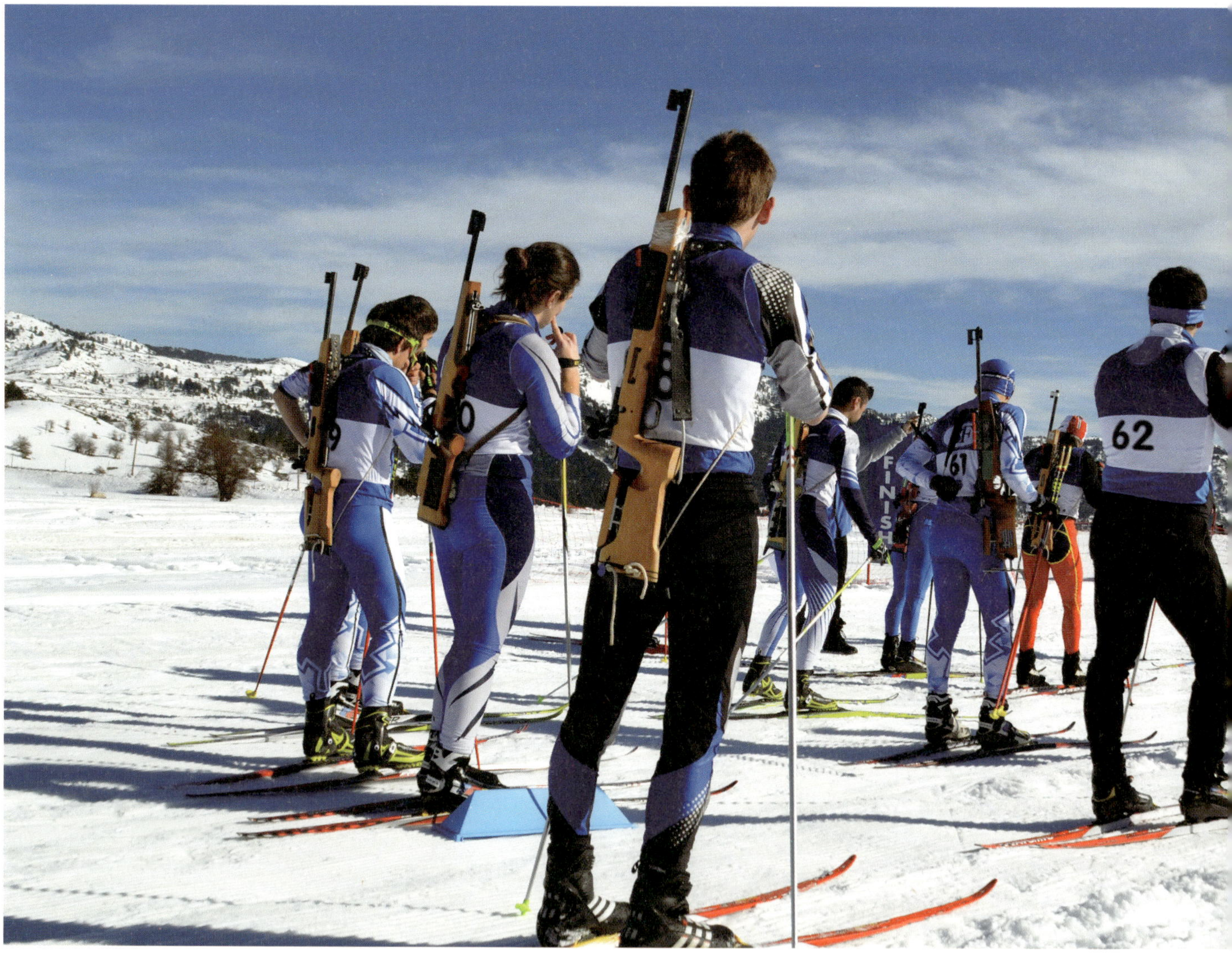

바이애슬론 사격 자세
서서 쏘는 입사 자세와 엎드려
쏘는 복사 자세가 있습니다.

입사

복사

A

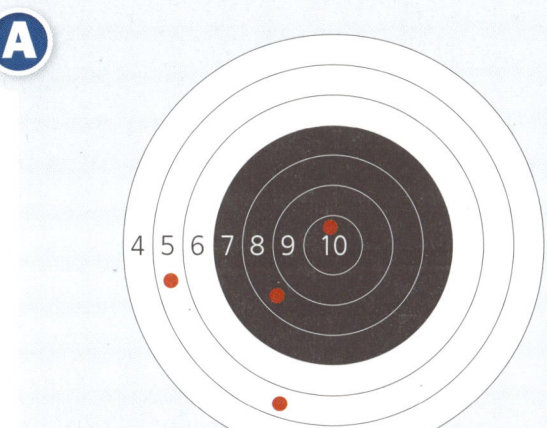

표적에 써 있는 수는 점수를 나타냅니다.
10점에 1발, 8점에 1발, 5점에 2발이 맞
았습니다.

$$10+8+5+5=28$$

모두 28점입니다.

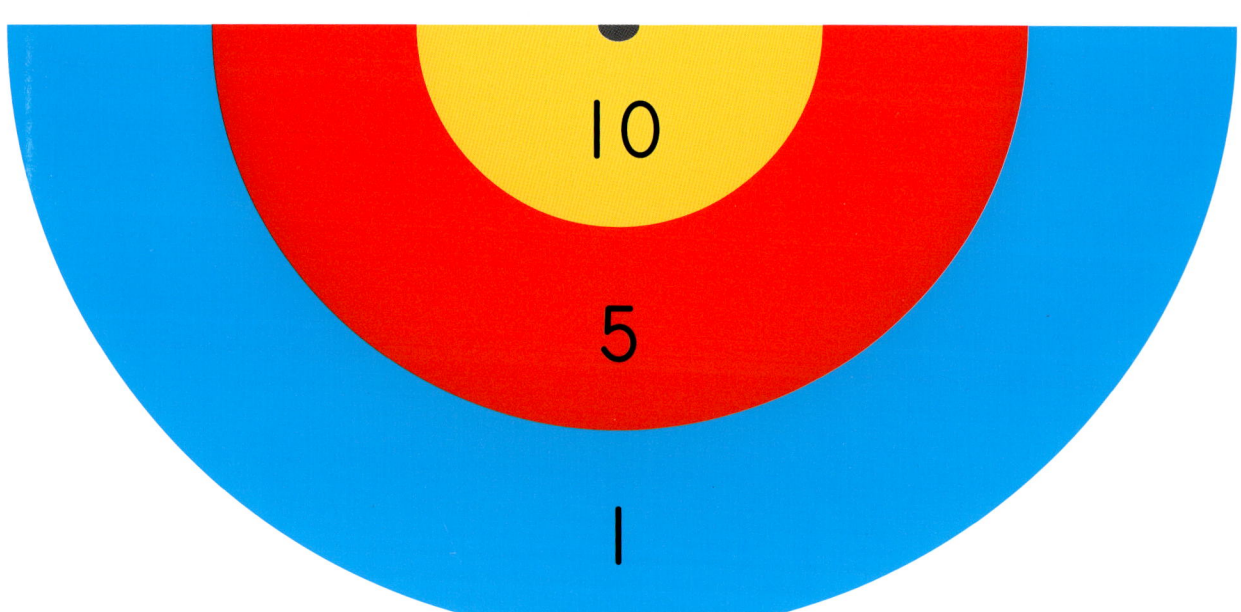

10

5

1

칩 튕기는 곳

※ 칩을 뜯어서 사용하세요.

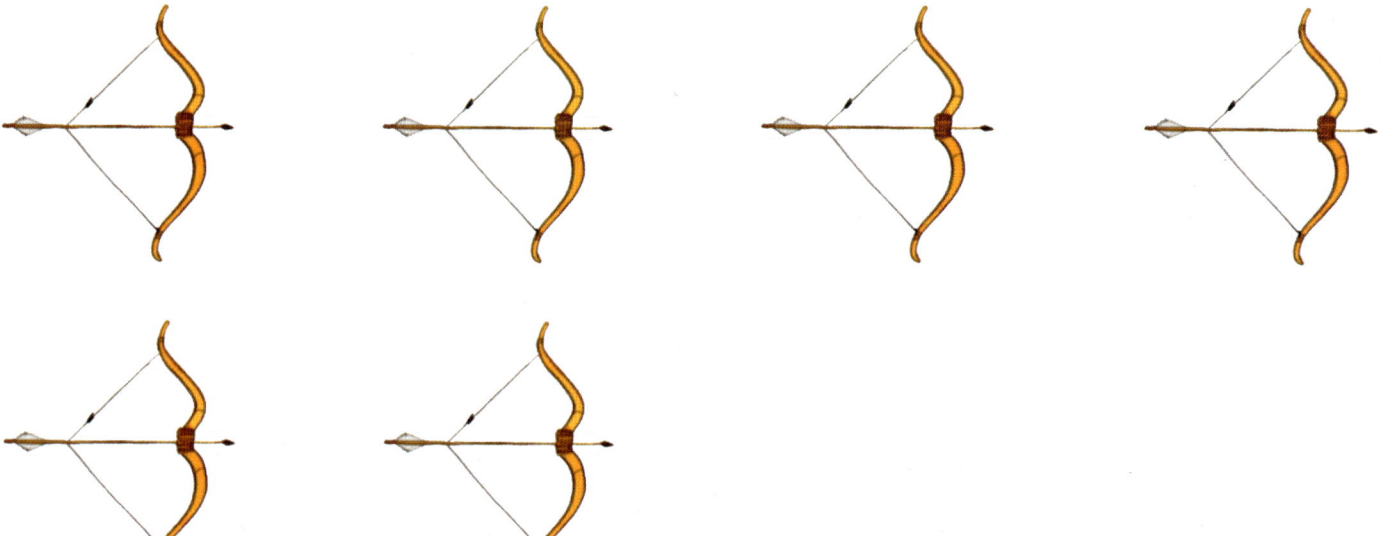

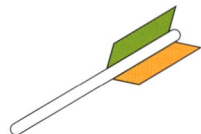 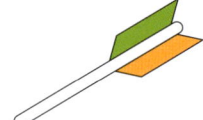 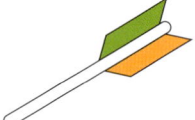 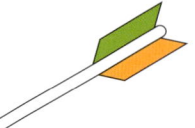

 붙임 딱지 공, 티셔츠, 농구공

60~61쪽에 사용하세요.

 붙임 딱지 스케이트, 역기

64~65쪽에 사용하세요.

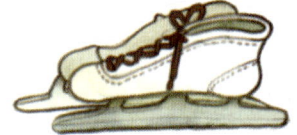   

 붙임 딱지 팀

76~77쪽에 사용하세요.

 붙임 딱지 국기

81, 82쪽에 사용하세요.

 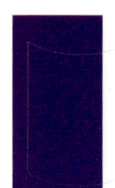  

35쪽에 사용하세요.

 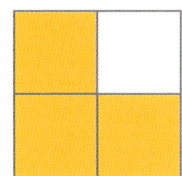   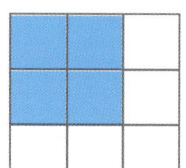 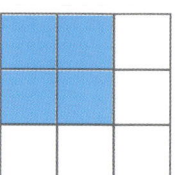

47쪽에 사용하세요.

50~51쪽에 사용하세요.

대한민국

미국

프랑스

## 붙임 딱지 무늬 만들기

28～29쪽에 사용하세요.

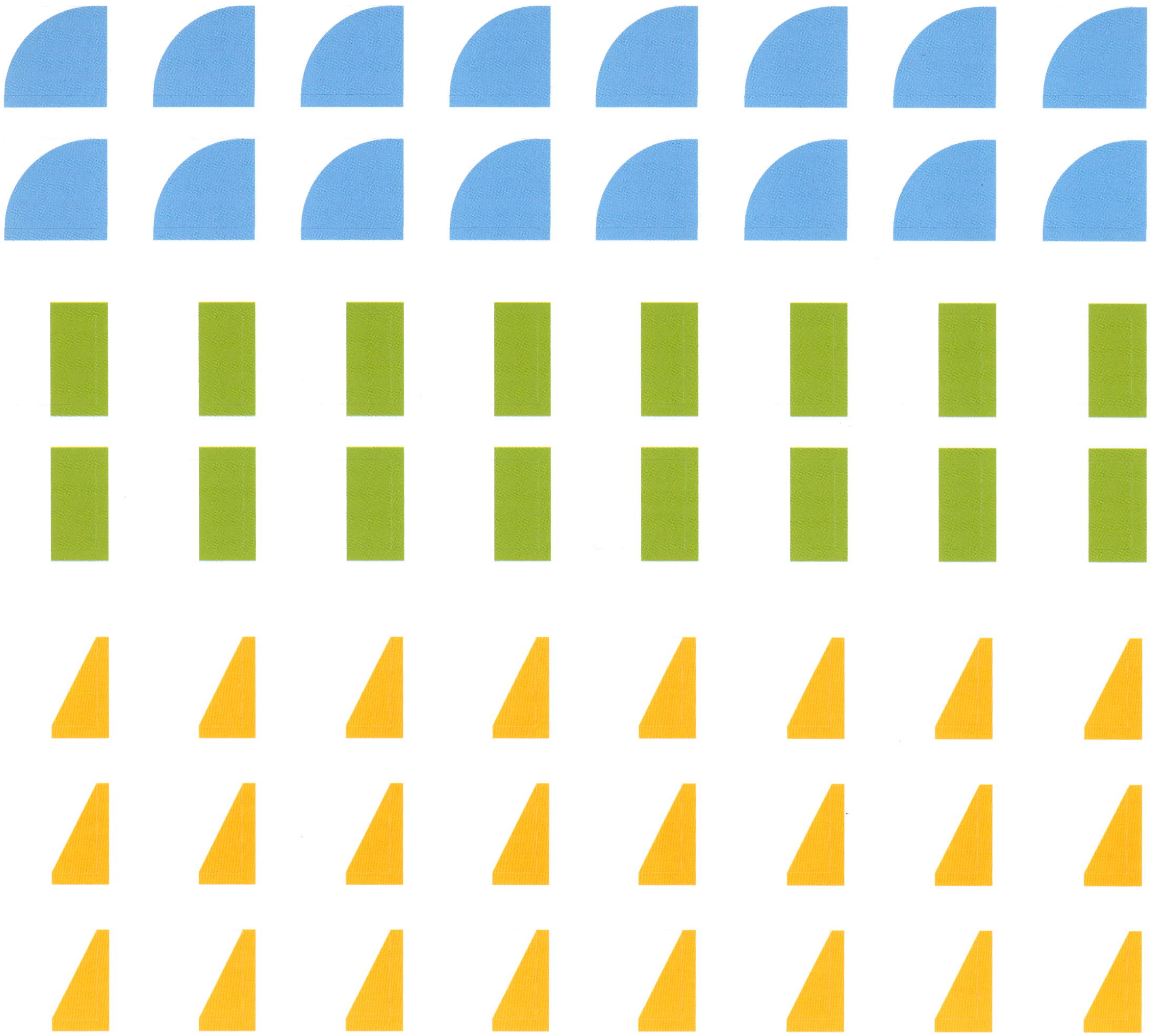

## 붙임 딱지 철봉 동작

34쪽에 사용하세요.

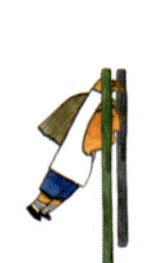

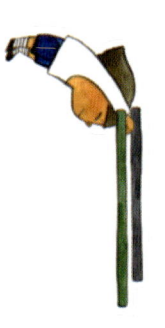

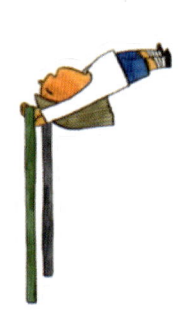

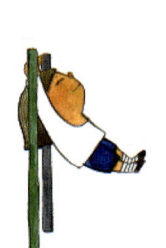

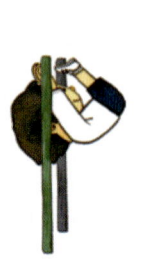

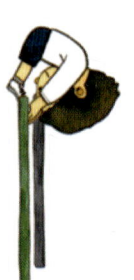

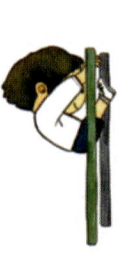

붙임 딱지 | 기본 동작 2

17쪽에 사용하세요.

붙임 딱지 | 매트 동작

21쪽에 사용하세요.

붙임 딱지 | 체조 동작

22쪽에 사용하세요.

    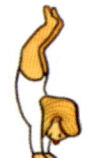 

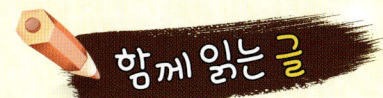

# 인생은 채워지는 것

인생은 흘러가는 것이 아니라 채워지는 것이다.

하루하루를 그냥 보내는 것이 아니라

내가 가진 무엇으로 채워가는 것이다.

존 러스킨 (John Ruskin)

내 삶의 주인공은 나입니다. 오늘 하루를 무엇으로 어떻게 채워 나갈지는 바로 나에게 달려 있으니까요.
매 순간을 작지만 소중한 무언가로 알차게 채워갈 수 있도록 노력하다 보면,
어느새 삶은 행복과 만족으로 가득 찰 것입니다.

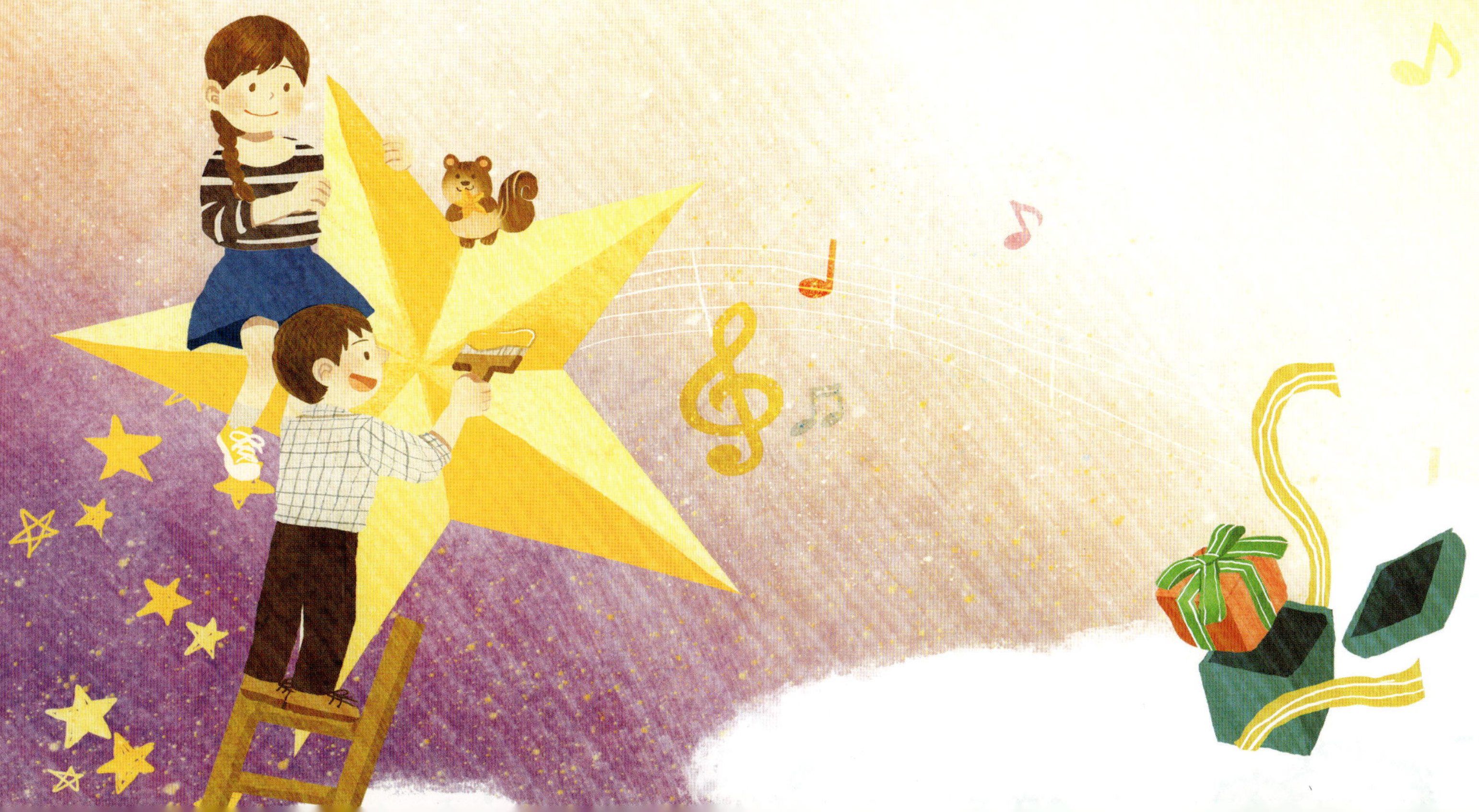

우리 아이의 수학적 잠재력을 깨워주는

창의력
수학 노크

Knock! Knock!

학부모
가이드

스포츠로
배우는 수학

B2

천재교육

# 학부모 가이드

## 가이드

우리 아이의
수학적 잠재력을 깨워주는 창의력
수학

# 노크

**B2**

# Ⅰ 동작 스포츠

### ✿ 단원소개

규칙을 찾는 활동은 예상하고 추측하는데 도움이 되고, 수학적으로는 함수의 기초가 됩니다.
모양, 개수, 색깔이 반복되는 규칙을 찾아 동작, 말, 그림, 기호 등으로 나타낼 수 있도록 구성
하였습니다.

### ✿ 학습목표

1 동작의 배열에서 반복되는 규칙을 찾아 다음에 올 동작을 찾을 수 있게 합니다.
2 모양이 반복되는 규칙을 찾아 다음에 올 모양을 그릴 수 있게 합니다.
3 같은 모양을 여러 가지 방법으로 배열하여 만든 무늬의 규칙을 찾고, 새로운 무늬를 만들 수
  있게 합니다.
4 돌아가는 동작에서 규칙을 찾아 다음에 올 위치를 나타낼 수 있게 합니다.

### ✿ 스토리 동기유발

어려운 동작에 도전하는 스포츠를 설명하는 이야기입니다. 기계 체조, 리듬 체조 등의 동작을
보고, 반복되는 동작과 규칙에 대해 이야기해 봅니다.

**14 · 15**

리듬 체조의 기본 동작이 5번마다 반복
되는 규칙을 찾아 빈칸에 알맞은 동작을
나타낼 수 있게 합니다. 다른 규칙을 정
하여 몸으로 반복하여 표현해 보고, 어떤
규칙을 사용했는지 이야기해 보는 것도
좋습니다.

16 · 17

연속하는 동작에서 규칙을 찾아 다음에 올 동작을 예상하여 나타냅니다.

**1** 곤봉과 뜀틀의 반복되는 규칙을 찾아 빈 곳에 알맞은 모양의 붙임 딱지를 붙입니다. 반복되는 마디를 묶어 표시하면 빈 곳에 들어갈 모양을 찾는 데 도움이 됩니다.

**2** 동작이 4번, 5번마다 반복된다는 것을 알고, 빈 곳에 알맞은 동작을 찾아 붙임 딱지를 붙입니다.

**3** 규칙적으로 반복되는 동작들을 스스로 만들고, 자신이 만든 규칙에 따라 붙임 딱지를 붙입니다.

18 · 19

선이 그려진 모양에서 규칙을 찾아 다음에 올 모양을 예상하여 그려 봅니다.

**1** 곧은 선이 반복되는 규칙을 찾아 모양을 완성합니다. 선을 그릴 때 지나는 점을 잘 찾을 수 있도록 도와줍니다.

**2** 굽은 선이 반복되는 규칙을 찾아 모양을 완성합니다. 그려져 있는 리본을 따라 그리며 반복되는 마디를 찾아 그 모양을 반복하면 빈 곳을 쉽게 채울 수 있습니다.

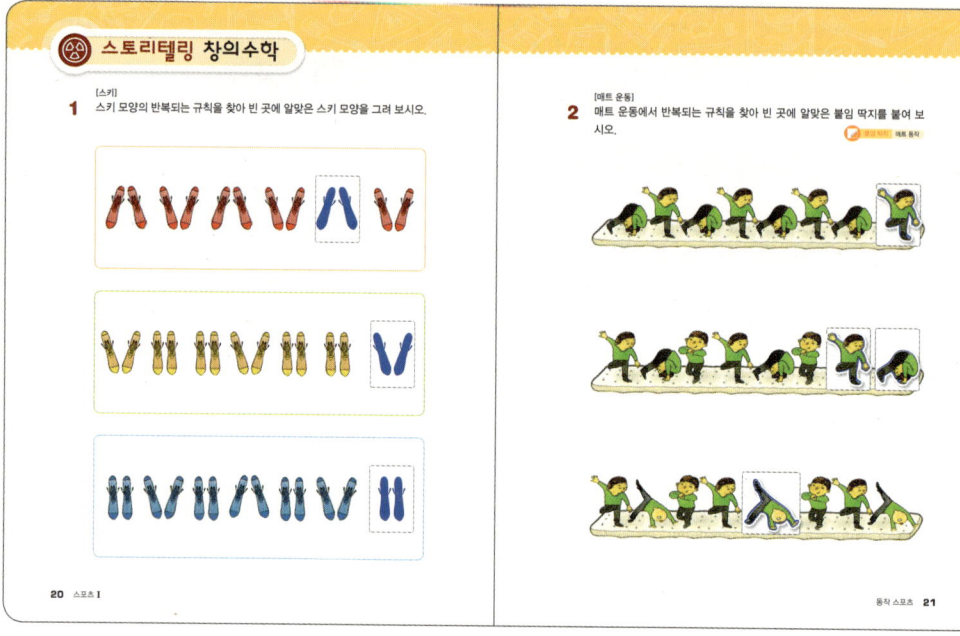

**1** 스키가 반복되는 규칙을 찾아 빈 곳에 알맞은 모양을 그립니다. /\, \/, ||와 같이 선으로 표현해도 됩니다. 반복되는 마디를 묶어 표시하면 규칙을 찾는데 도움이 됩니다.

**2** 동작에서 반복되는 규칙을 찾아 빈 곳에 알맞은 동작을 붙입니다. 앞, 뒤에 오는 동작으로 사이에 오는 동작을 추측해 나타내어 보는 것도 좋습니다.

**3** 마루, 평균대 운동 동작에는 어떠한 것들이 있는지 보고, 반복 마디를 찾아 반복되는 규칙을 이야기해 봅니다.

**4** 후프의 색칠된 부분이 어떻게 변하고, 반복되는지 규칙을 찾아 후프의 빈 곳에 알맞게 색칠합니다.

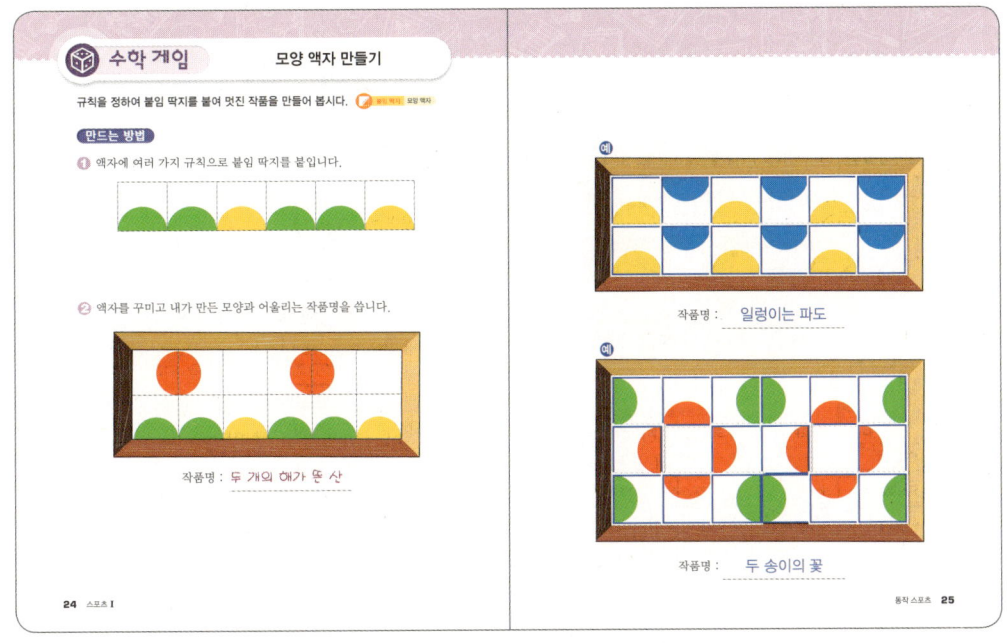

24 · 25

규칙을 정해 자신만의 무늬를 만들어 보는 활동입니다. 색깔, 위치를 바꾸며 여러 가지 무늬를 만들어 봅니다. 방법만 설명해 주고, 아이가 스스로 규칙을 정하여 창의적으로 무늬를 만들 수 있도록 합니다.

26 · 27

다양한 방법과 규칙으로 모양이나 글씨를 만드는 활동입니다. 카드섹션으로 응원하는 사진을 보여주며 어떠한 규칙이 있는지 이야기해 보는 것도 좋습니다.

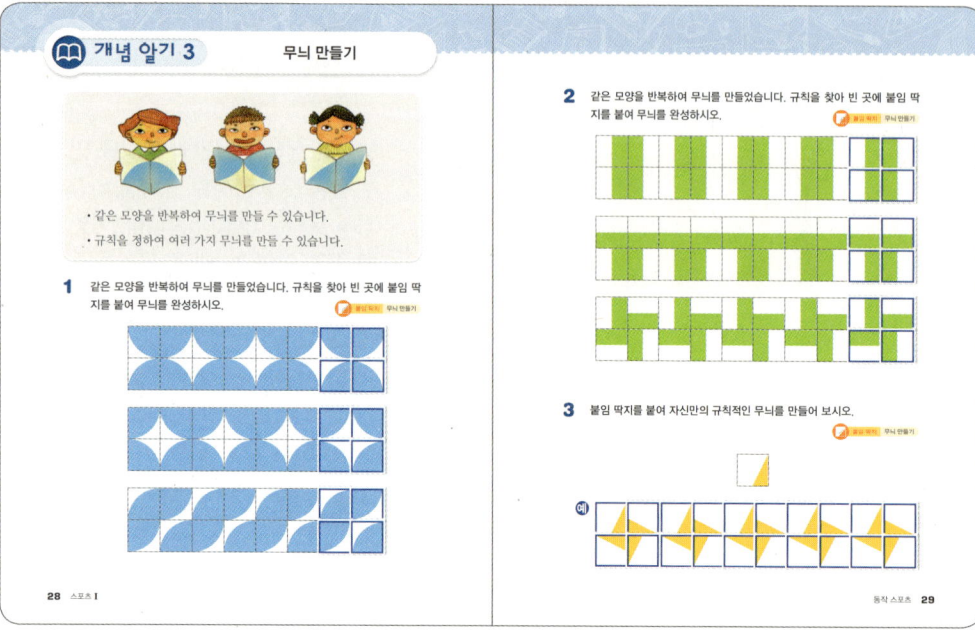

한 가지 모양을 반복하여 만든 무늬에서 규칙을 찾아 다음에 올 무늬를 예상하여 그려 봅니다.

**1** 사분원을 밀고, 뒤집고, 돌려서 만든 무늬에서 반복되는 규칙을 찾아 빈 곳에 알맞은 붙임 딱지를 붙입니다.

**2** 직사각형을 밀고, 뒤집고, 돌려서 만든 무늬에서 반복되는 규칙을 찾아 빈 곳에 알맞은 붙임 딱지를 붙입니다.

**3** 삼각형을 밀고, 뒤집고, 돌려가며 규칙적이고, 독창적인 무늬를 만들어 볼 수 있습니다.

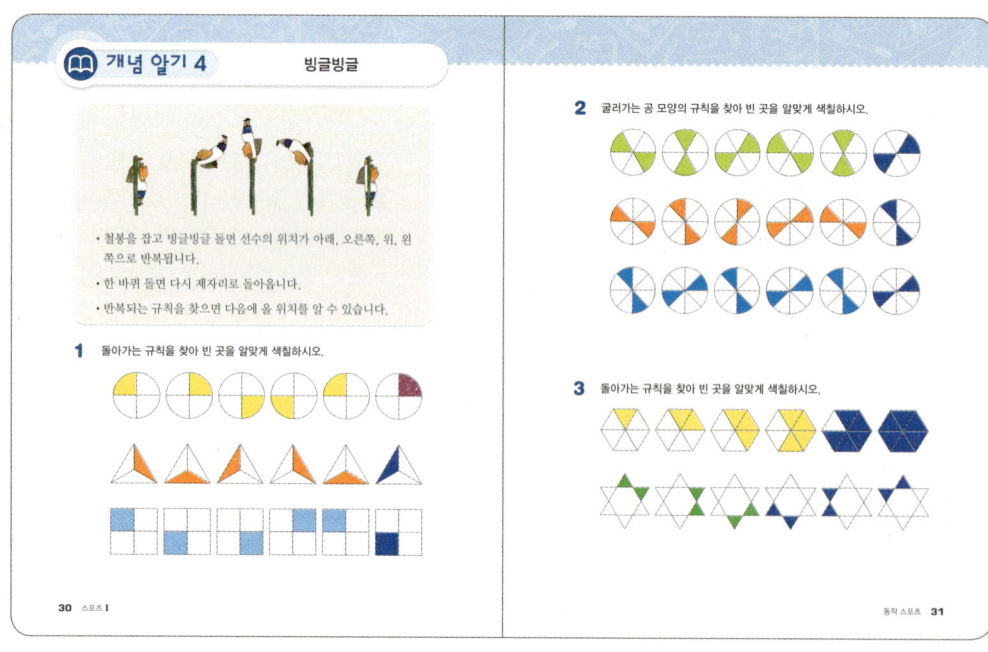

빙글빙글 돌아가는 무늬에서 규칙을 찾아 다음에 오는 모양을 예상하여 그려 봅니다.

**1** 색칠한 부분의 위치가 어떤 방향으로 돌아가는지 규칙을 찾아 빈 곳에 알맞게 색칠합니다.

**2** 색칠한 부분이 어떤 방향으로 몇 칸씩 움직였는지 찾아 빈 곳에 알맞게 색칠합니다. 종이에 모양을 그려서 직접 돌려 보면 빈 곳에 알맞은 모양을 찾는데 도움이 됩니다.

**3** 색칠한 부분이 한 칸씩 많아지며 돌아가는 규칙과 한 칸씩 겹쳐서 돌아가는 규칙을 찾아 알맞게 색칠합니다.

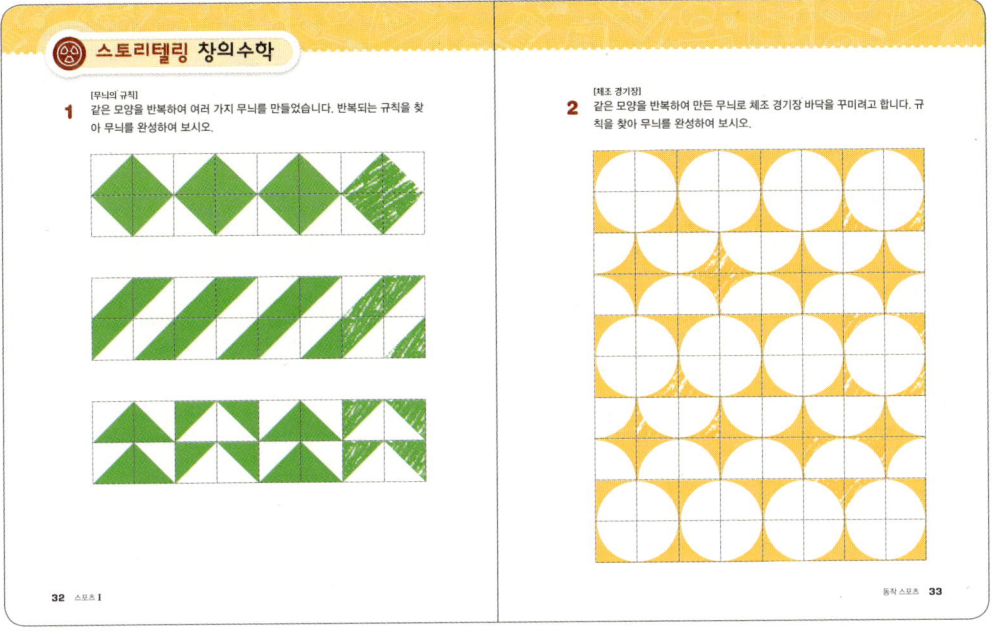

**1** ◪ 모양을 어떻게 밀고, 뒤집고, 돌렸는지 찾아봅니다. 정사각형으로 4칸씩 묶어서 보면 규칙과 무늬를 쉽게 찾을 수 있습니다.

**2** ◲ 모양을 뒤집고, 돌려서 만든 여러 가지 무늬를 찾아봅니다. 독창적인 무늬를 만들어 보게 하는 것도 좋습니다.

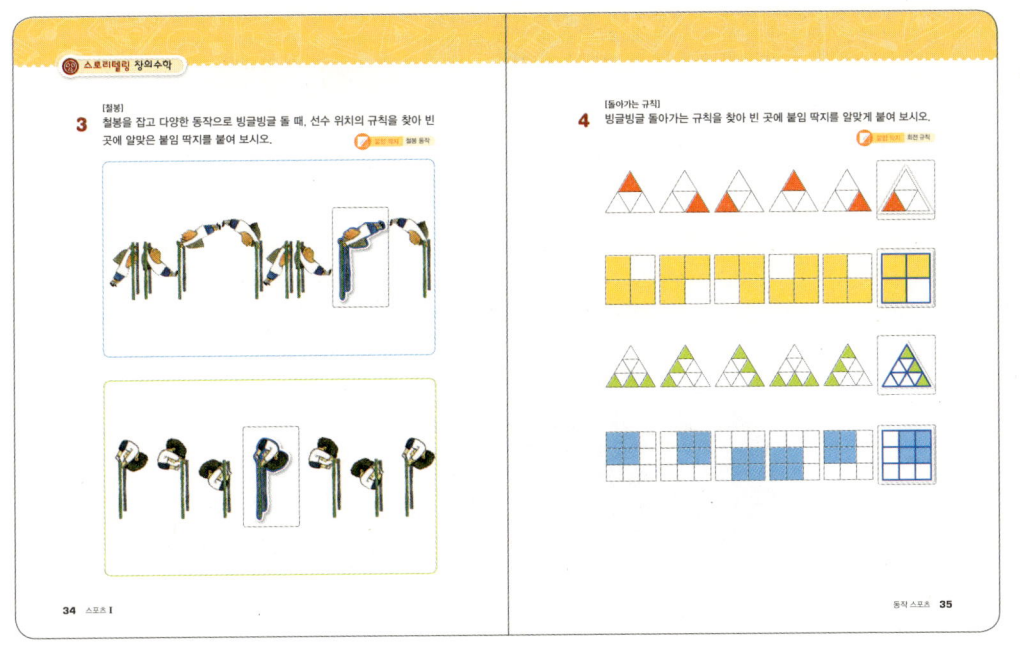

**3** 철봉 동작에서 돌아가는 방향과 규칙을 찾아 빈 곳에 알맞은 동작을 나타냅니다.

**4** 여러 가지 모양에 색칠한 위치를 보고, 돌아가는 방향과 규칙을 찾아 다음에 올 모양을 나타냅니다. 아이가 어려워 한다면 작은 종이에 모양을 그리고, 직접 돌려가며 위치를 찾습니다.

# II 기록 스포츠

❀ 단원소개

문장의 의미를 파악하고 논리적으로 순서를 따져 자리를 찾거나 해당하는 것과 연결하는 등의 문제를 해결하는 단원입니다. 그림을 그리거나 표를 만들어서 문제를 해결할 수 있도록 구성하였습니다.

❀ 학습목표

1 문장을 읽고, 그림을 그려 순서를 찾을 수 있게 합니다.
2 문장을 읽고, 표에 ○, ✕로 나타내어 조건에 맞는 친구를 찾을 수 있게 합니다.
3 문장을 읽고, 위치에 알맞은 사람이나 물건을 찾을 수 있게 합니다.
4 문장을 읽고, 물건의 위치를 찾을 수 있게 합니다.

❀ 스토리 동기유발

기록에 도전하는 스포츠의 발전 과정을 나타낸 이야기입니다. 속도를 재어 기록을 단축하고, 다른 선수들보다 더 빨리 도착하여 순위를 결정하는 달리기, 수영 등과 같은 스포츠의 경기 방법과 규칙을 이야기해 봅니다.

**44 45**

1등부터 4등까지 선수 이름, 나라 이름 등 그림을 보고 알 수 있는 것을 이야기해 봅니다. 선수들의 위치로 순위를 알 수 있습니다. 가장 앞에 오는 사람이 1등, 가장 뒤에 오는 사람이 4등임을 알고, 사이에 있는 사람들의 순위도 이야기해 봅니다. 중계를 직접 읽으면서 빈칸에 알맞은 말 또는 수를 써넣을 수 있도록 지도합니다.

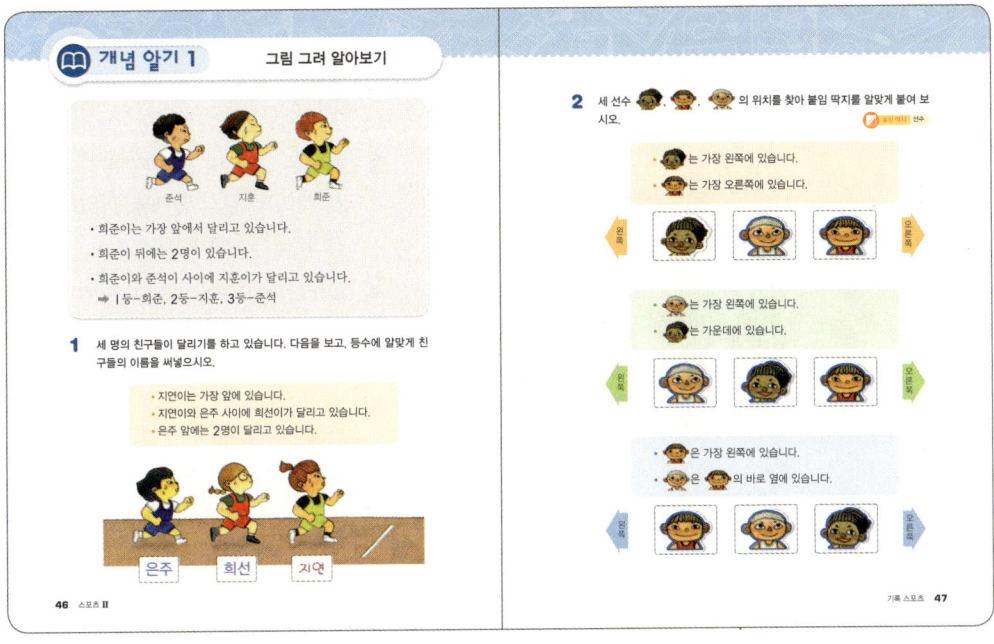

**46 · 47**

그림을 그려 친구들의 순서를 알아봅니다.

**1** 문장에서 세 사람의 위치 관계를 파악하여 그림에 알맞은 이름을 씁니다. 오른쪽 결승선에 가까운 사람이 1등이며 왼쪽으로 갈수록 2등, 3등이 됩니다.

**2** 문장에 쓰인 두 선수의 위치를 먼저 찾아 붙임 딱지를 붙이고, 남은 선수의 붙임 딱지를 빈 곳에 붙입니다.

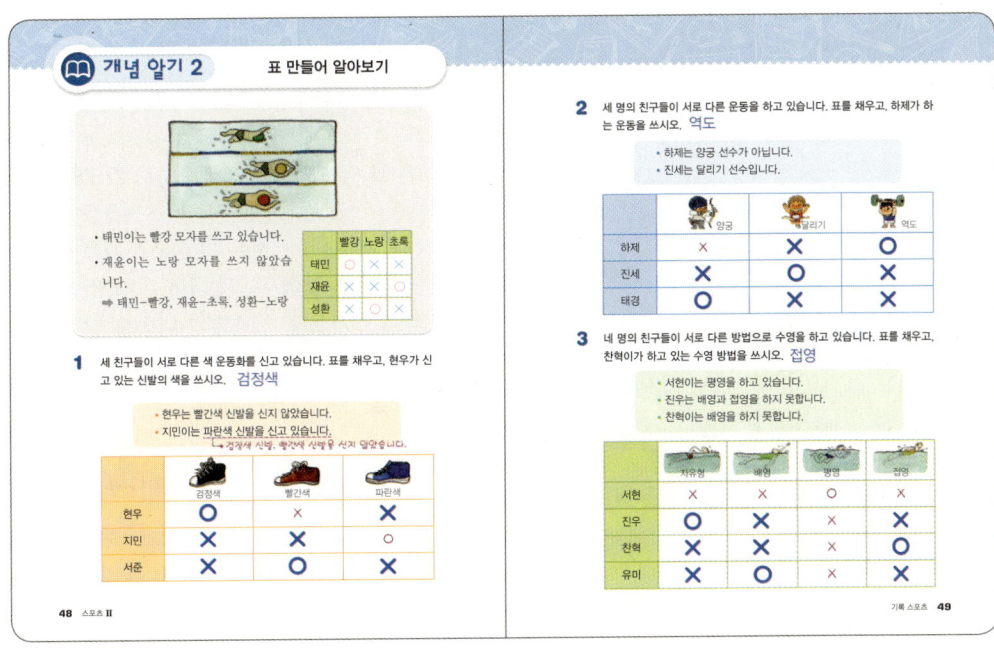

**48 · 49**

표를 만들고 조건에 따라 ○, ×조건에 맞는 친구를 알아봅니다.

**1** 신은 것은 ○로, 신지 않은 것은 ×로 표시합니다. 세 사람이 모두 다른 신발을 신고 있다는 것에 주의하며 표를 완성합니다.

**2** 세 사람이 모두 다른 운동을 하는 것에 주의하며 ○, ×를 표시합니다. 가로줄과 세로줄에는 ○가 각각 하나씩만 있어야 한다는 것에 주의하며 표를 완성합니다.

**3** 네 사람이 모두 다른 방법으로 수영하는 것에 주의하며 ○, ×를 표시합니다.

# II 기록 스포츠

### 스토리텔링 창의수학

**[국기의 위치]**

**1** 수영 경기가 끝난 후 시상식이 열렸습니다. 다음을 보고, 국기를 알맞게 붙여 보시오.

> • 미국 국기 오른쪽에 대한민국 국기가 걸려 있습니다.
> • 프랑스 국기 왼쪽에는 국기가 2개 걸려 있습니다.

미국　대한민국　프랑스

**[선수의 자리]**

**2** 네 나라의 선수가 경기를 준비하고 있습니다. 다음을 보고, 선수들의 자리를 찾아 알맞게 붙여 보시오.

> • 미국 선수 오른쪽에 선수가 3명 있습니다.
> • 미국과 자메이카 선수 사이에 선수가 2명 있습니다.
> • 자메이카와 호주 선수 사이에 브라질 선수가 있습니다.

**50 · 51**

**1** 오른쪽, 왼쪽이 포함된 문장에서 국기 사이의 위치 관계를 파악하여 국기 붙임 딱지를 붙입니다.

**2** 선수는 모두 4명입니다. 따라서 오른쪽에 3명이 있다는 것은 가장 왼쪽에 서 있다는 뜻입니다. 이처럼 확실하게 표시할 수 있는 문장을 먼저 찾고, 차례로 선수들을 배열할 수 있게 지도합니다.

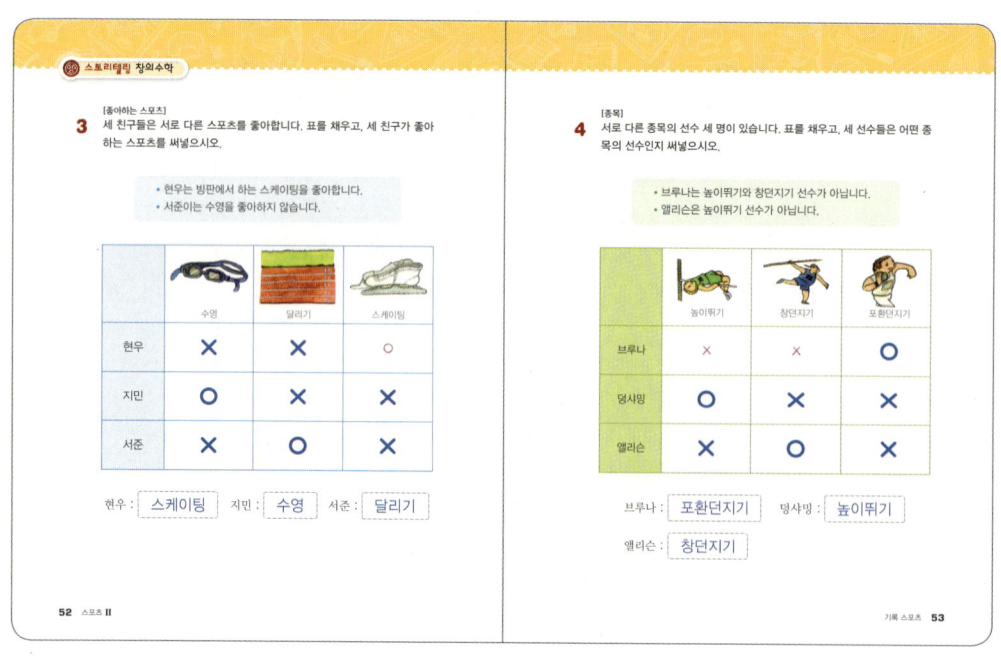

### 스토리텔링 창의수학

**[좋아하는 스포츠]**

**3** 세 친구들은 서로 다른 스포츠를 좋아합니다. 표를 채우고, 세 친구가 좋아하는 스포츠를 써넣으시오.

> • 현우는 빙판에서 하는 스케이팅을 좋아합니다.
> • 서준이는 수영을 좋아하지 않습니다.

| | 수영 | 달리기 | 스케이팅 |
|---|---|---|---|
| 현우 | × | × | ○ |
| 지민 | ○ | × | × |
| 서준 | × | ○ | × |

현우 : 스케이팅　지민 : 수영　서준 : 달리기

**[종목]**

**4** 서로 다른 종목의 선수 세 명이 있습니다. 표를 채우고, 세 선수는 어떤 종목의 선수인지 써넣으시오.

> • 브루나는 높이뛰기와 창던지기 선수가 아닙니다.
> • 앨리슨은 높이뛰기 선수가 아닙니다.

| | 높이뛰기 | 창던지기 | 포환던지기 |
|---|---|---|---|
| 브루나 | × | × | ○ |
| 딩사밍 | ○ | × | × |
| 앨리슨 | × | ○ | × |

브루나 : 포환던지기　딩사밍 : 높이뛰기
앨리슨 : 창던지기

**52 · 53**

**3** 좋아하면 ○, 좋아하지 않으면 ×로 표시하여 친구들과 스포츠를 짝지어 봅니다. 서로 다른 스포츠를 좋아하는 것에 주의합니다. ○표가 된 칸의 가로줄, 세로줄의 나머지 칸에 모두 ×표 하면 쉽게 찾을 수 있습니다.

**4** 선수들의 종목이 맞으면 ○로, 아니면 ×로 표시합니다. 문장을 읽고 확실한 것부터 표시하여 빈칸을 줄입니다.

위, 아래, 오른쪽, 왼쪽을 익힌 후 게임을 시작하는 것이 좋습니다. 고른 카드는 상대방에게 보이지 않게 뒤집어 두어야 하며, 두 사람이 모두 그림을 보며 질문하고 답합니다. 종이에 질문한 횟수를 기록하며 게임을 해야 더 적게 질문한 사람을 알 수 있습니다.

사람들의 위치 관계를 위, 아래, 오른쪽, 왼쪽을 사용하여 문장으로 나타냅니다. 위, 아래, 오른쪽, 왼쪽이 표시된 화살표를 보고 방향과 위치를 확인합니다. 문제를 해결한 다음에는 다른 한 사람을 골라 위에서 몇 번째, 왼쪽에서 몇 번째인지 등 위치를 나타내는 방법에 대해 이야기해 봅니다.

**개념 알기 3** 위치 찾기 (1)

1 █████ 에서 설명하는 축구공을 찾아 ○표 하시오.

2 설명하는 선수를 찾아 ○, △, □표 하시오.

**58 · 59**

기준이 되는 대상과 찾아야 하는 대상을 구분하여 위치 관계를 파악합니다.

**1** 위, 왼쪽의 위치 관계로 설명하는 축구공을 찾습니다. 기준이 되는 공은 농구공과 테니스공입니다.

**2** 기준이 되는 선수를 먼저 찾은 다음, 위치 관계를 이용하여 설명하는 선수를 찾습니다.

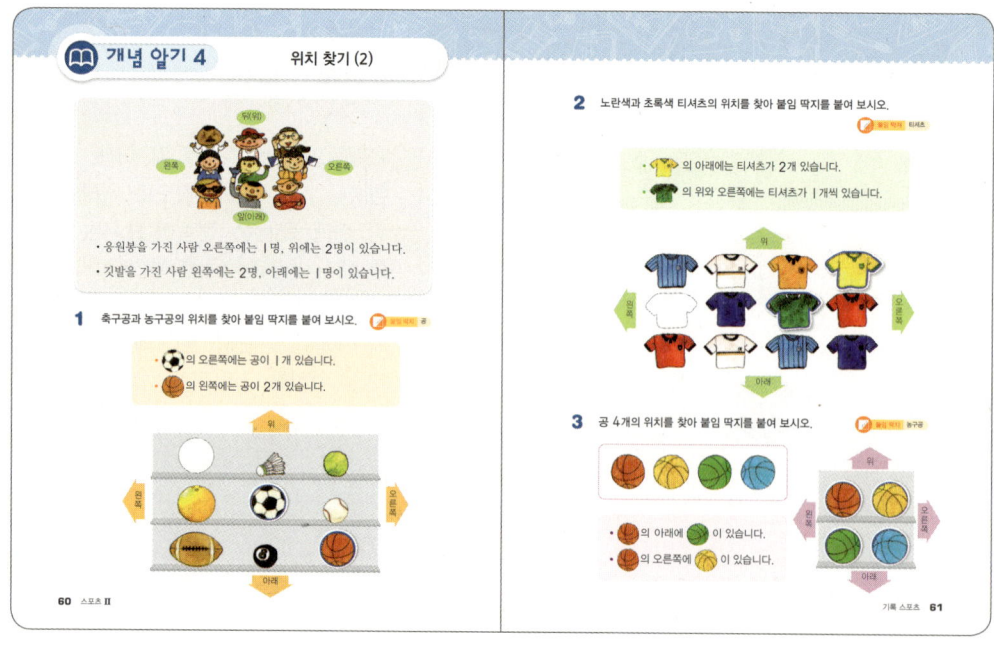

**개념 알기 4** 위치 찾기 (2)

1 축구공과 농구공의 위치를 찾아 붙임 딱지를 붙여 보시오.

2 노란색과 초록색 티셔츠의 위치를 찾아 붙임 딱지를 붙여 보시오.

3 공 4개의 위치를 찾아 붙임 딱지를 붙여 보시오.

**60 · 61**

문장을 읽고 설명하는 대상의 위치를 찾습니다.

**1** 왼쪽, 오른쪽에 있는 공의 개수로 공의 위치를 알아냅니다. 축구공과 농구공 자리가 맞는지 확인한 후, 붙임 딱지를 붙입니다.

**2** 위에 티셔츠가 1개 있다는 것은 위에서 두 번째에 있다는 것을 뜻합니다. 이처럼 범위를 좁혀 가며 위치를 찾습니다.

**3** 빨간공의 아래와 오른쪽에 다른 공이 있다는 것으로 빨간 공의 위치를 알 수 있습니다. 빨간공의 위치를 정한 다음 다른 공을 붙입니다.

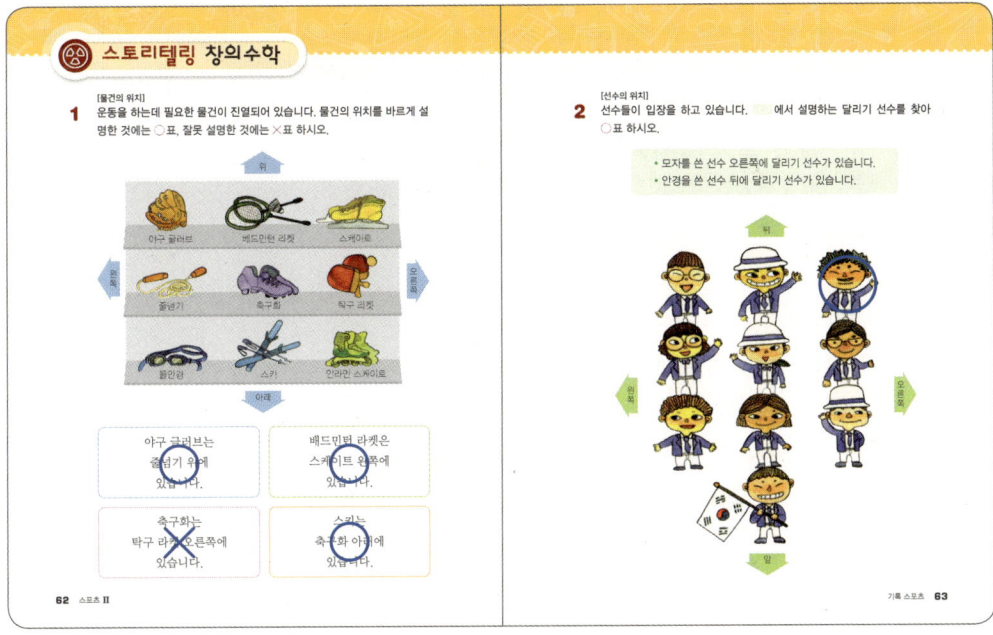

62 · 63

**1** 물건의 위치를 보며 문장을 읽습니다. 문장에서 기준이 되는 물건과 찾는 물건을 잘 구분하여 위치 관계를 파악합니다. 잘못된 설명을 바르게 고치면 '축구화는 탁구 라켓 왼쪽에 있습니다.'입니다.

**2** 안경, 모자를 쓴 사람들이 기준이 됩니다. 선수들의 특징을 파악하여 달리기 선수를 찾을 수 있도록 합니다.

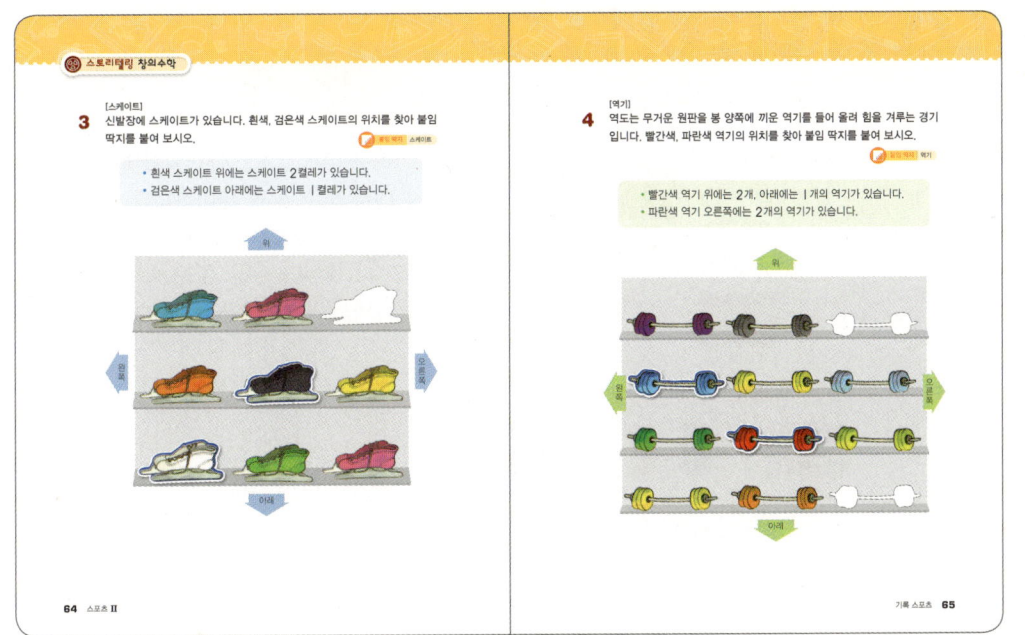

64 · 65

**3** 위에 2켤레, 아래에 1켤레가 있는 칸을 파악하여 각 스케이트의 알맞은 위치를 찾습니다. 빈 곳은 스케이트가 없는 곳입니다. 나머지 빈 곳도 위치 관계와 스케이트 개수를 이용하여 설명해 봅니다.

**4** 하나의 위치 설명으로 해당하는 구역을 가려내고, 다른 설명으로 구체적인 위치를 찾습니다. 모두 찾은 후, 각 위치가 설명과 같은지 확인해 봅니다.

# III 팀 스포츠

### ✿ 단원소개

스포츠 경기에서는 우승자를 가리기 위해 주로 토너먼트, 리그전 경기 방식을 사용합니다. 표를 그리며 경기 수를 구하는 것은 경우의 수, 조합 등 확률 단원의 기초가 됩니다. 경기 방식에 대한 개념을 익히고, 경기 방식에 따라 경기 수가 달라지는 규칙을 찾을 수 있도록 구성하였습니다.

### ✿ 학습목표

1 토너먼트 방법을 이해하고, 대진표를 보고 우승 팀을 찾을 수 있게 합니다.
2 토너먼트 경기표를 그리며 경기 수를 구하게 합니다.
3 리그전 방법을 이해하고, 경기하는 팀을 선으로 연결하여 그리게 합니다.
4 한 팀씩 선으로 연결하고, 선의 개수를 덧셈식으로 나타내어 리그전 경기 수를 구하게 합니다.

### ✿ 스토리 동기유발

두 팀이 경쟁하는 축구, 럭비, 농구 등 경쟁 스포츠의 규칙과 발전 과정을 나타낸 이야기입니다. 두 팀이 아닌 여러 팀이 경기를 한다면 어떻게 우승 팀을 가려낼지 이야기해 봅니다.

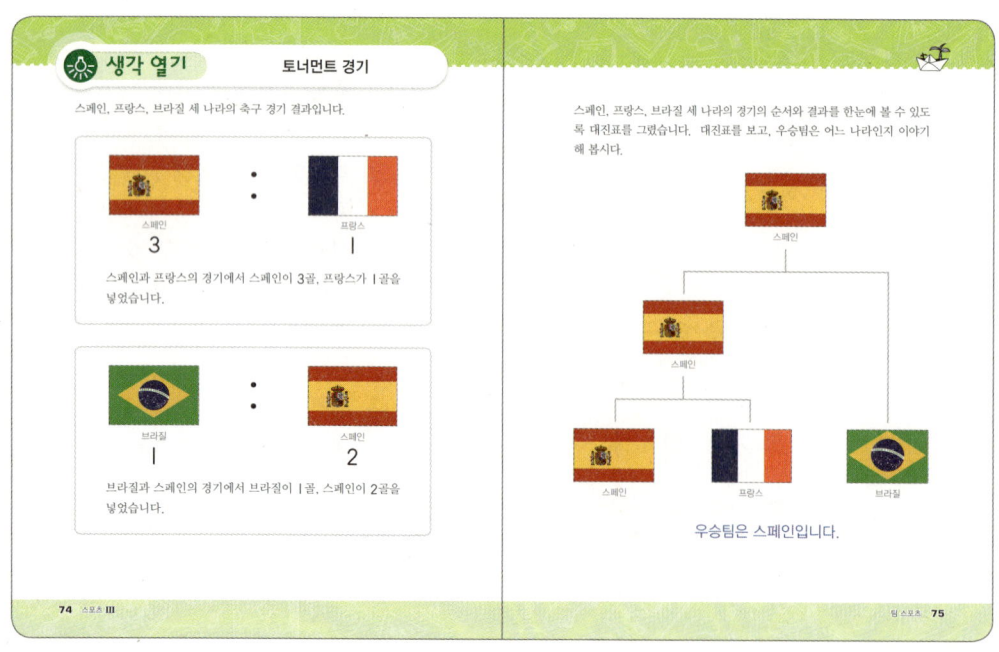

**74 · 75**

축구 경기 결과와 대진표를 보고 각 경기에서 이긴 팀을 알아봅니다. 또한, 경기 과정을 대진표에 표시하는 방법을 이야기해 봅니다. 우승 팀은 어느 팀인지, 몇 번의 경기를 하였는지, 첫 번째 경기와 마지막 경기는 어느 팀과 어느 팀이 하였는지 등을 자유롭게 이야기해 봅니다.

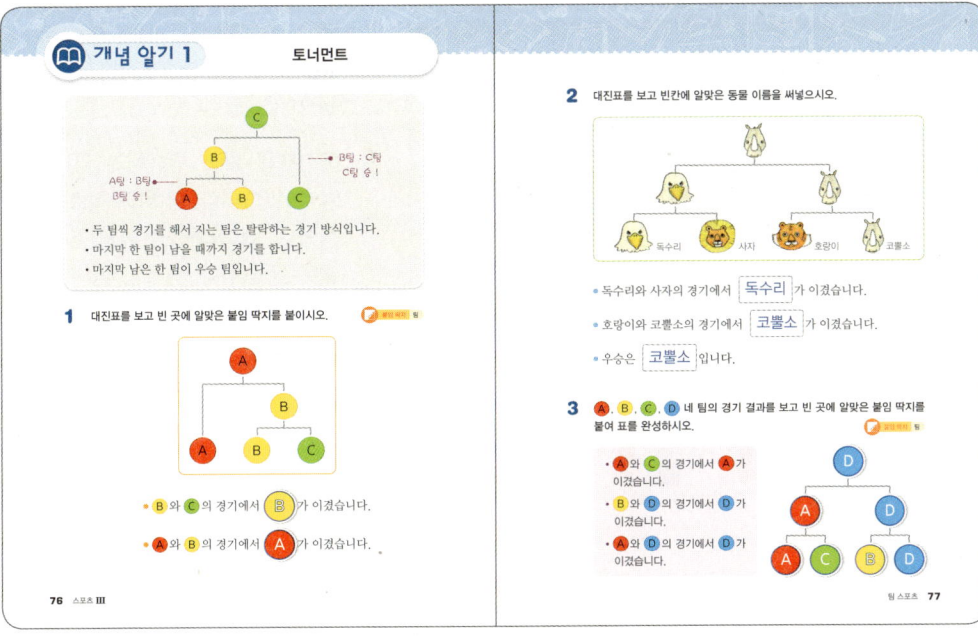

76 • 77

토너먼트 방식을 이해하고, 대진표를 보고 각 경기에서 이긴 팀을 찾아봅니다.

**1** 대진표를 보고 경기에서 이긴 팀을 찾습니다.

**2** 두 팀씩 경기를 하여 이긴 팀이 올라가는 토너먼트 방식을 이해합니다. 각 경기에서 이긴 팀과 우승팀을 찾습니다.

**3** 경기 결과를 대진표에 나타냅니다. A팀과 C팀의 경기에서 이긴 팀을 이야기해 보고, 우승팀이 대진표의 가장 위에 위치한다는 것을 알 수 있습니다.

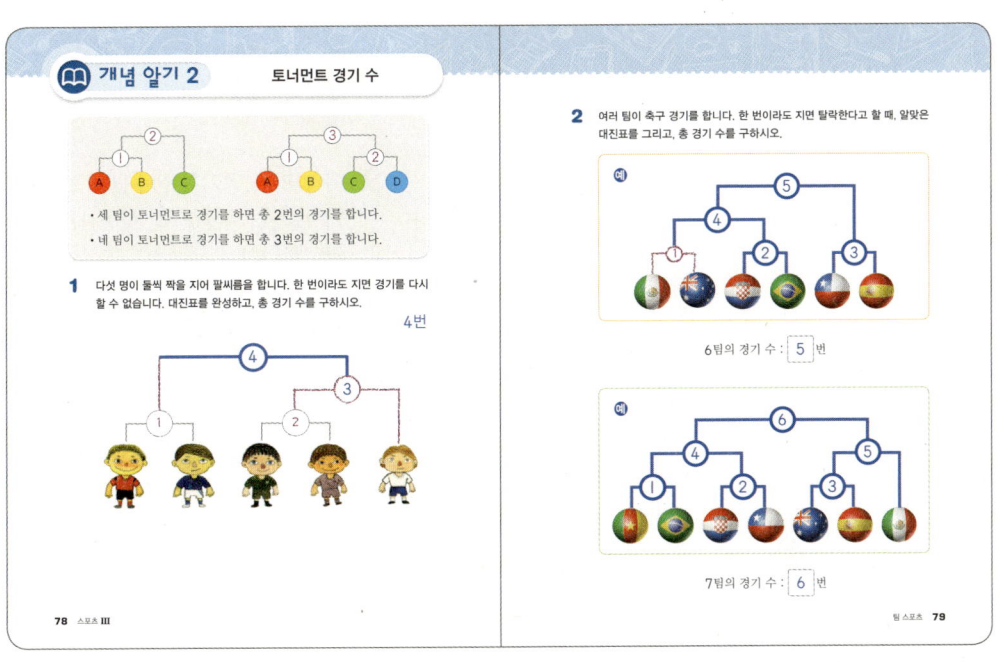

78 • 79

토너먼트 대진표를 그리고, 총 경기 수를 구합니다.

**1** 둘씩 연결하여 대진표를 완성하고, 연결한 횟수를 세어 총 경기 수를 구합니다.

**2** 경기하는 팀이 중복되지 않게 다양한 방법으로 대진표를 그리고, 총 경기 수를 구합니다. 총 경기 수는 팀 수보다 1만큼 작습니다.

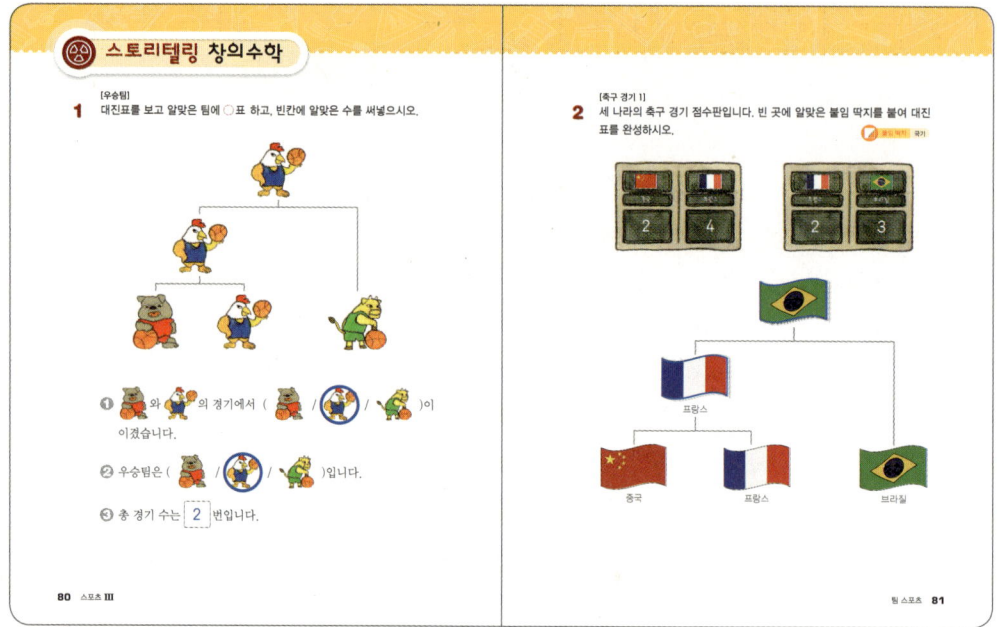

**1** 대진표를 보고 우승팀과 경기 수를 알 수 있습니다. 팀 위에 세로로 그려진 선을 헤아리면 각 팀의 경기 수도 알 수 있습니다.

**2** 세 나라가 경기한 점수판과 대진표를 보고, 경기 순서와 우승팀을 찾아 대진표를 완성합니다.

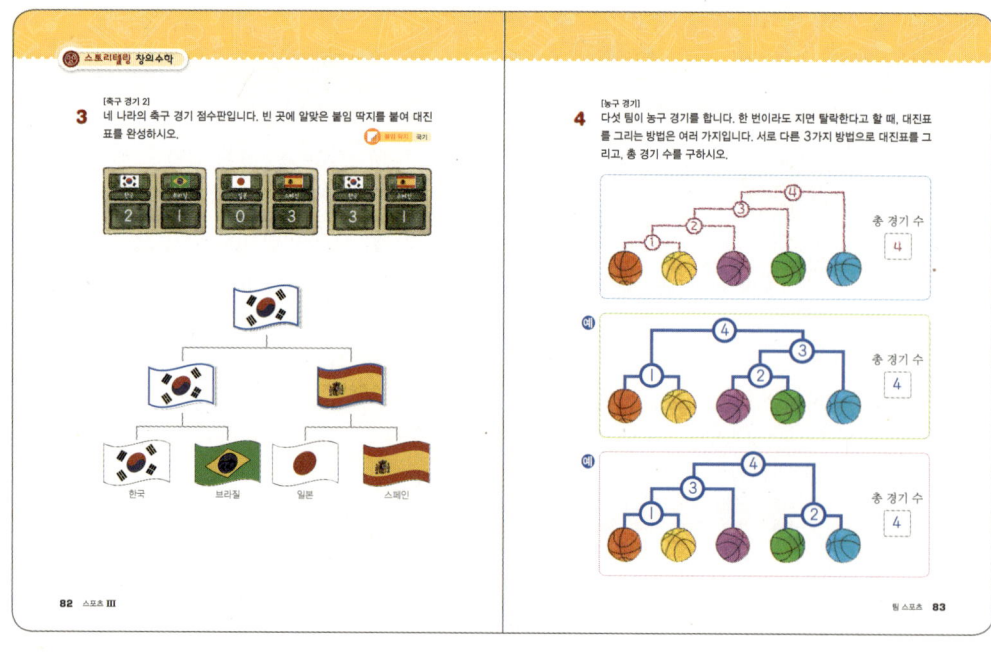

**3** 네 나라가 경기한 점수판을 보고, 경기 순서와 우승팀을 찾아 대진표를 완성합니다.

**4** 토너먼트 대진표를 여러 가지 방법으로 그립니다. 경기하는 팀이 서로 중복되지 않도록 표마다 다른 팀과 경기할 수 있게 그리면 정답이 됩니다. 방법이 다르더라도 경기 수는 모두 같다는 것을 이야기할 수 있도록 합니다.

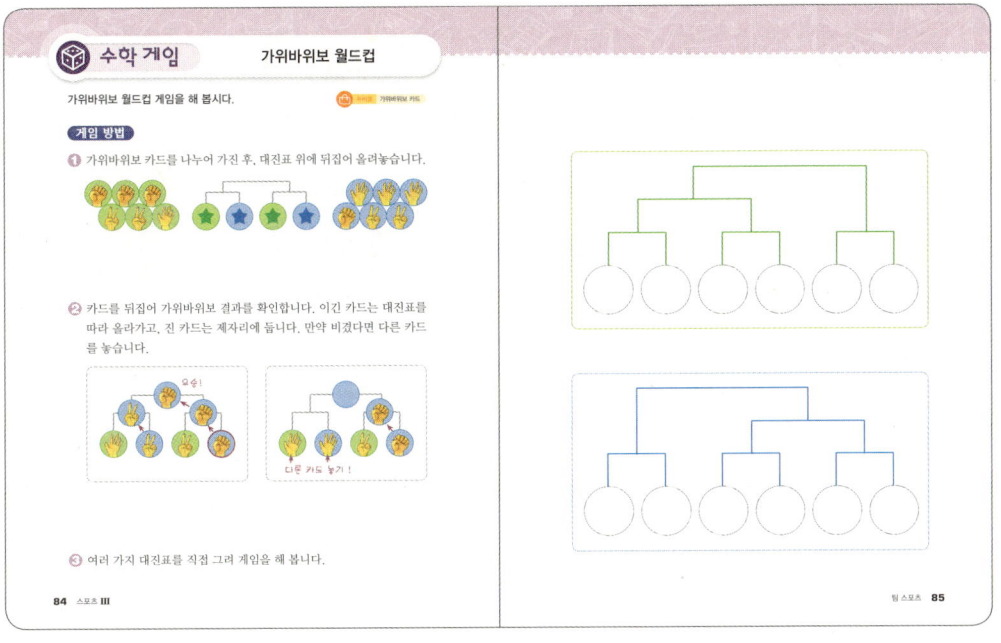

토너먼트 방식으로 가위바위보를 합니다. 대진표에 가위바위보 카드를 여러 가지 방법으로 배열하여 게임 결과를 이야기해 봅니다. 카드 2세트의 가위바위보의 개수가 다르므로 카드를 바꾸어서 게임을 해 보고, 이길 수 있는 방법이 있는지도 이야기해 봅니다.

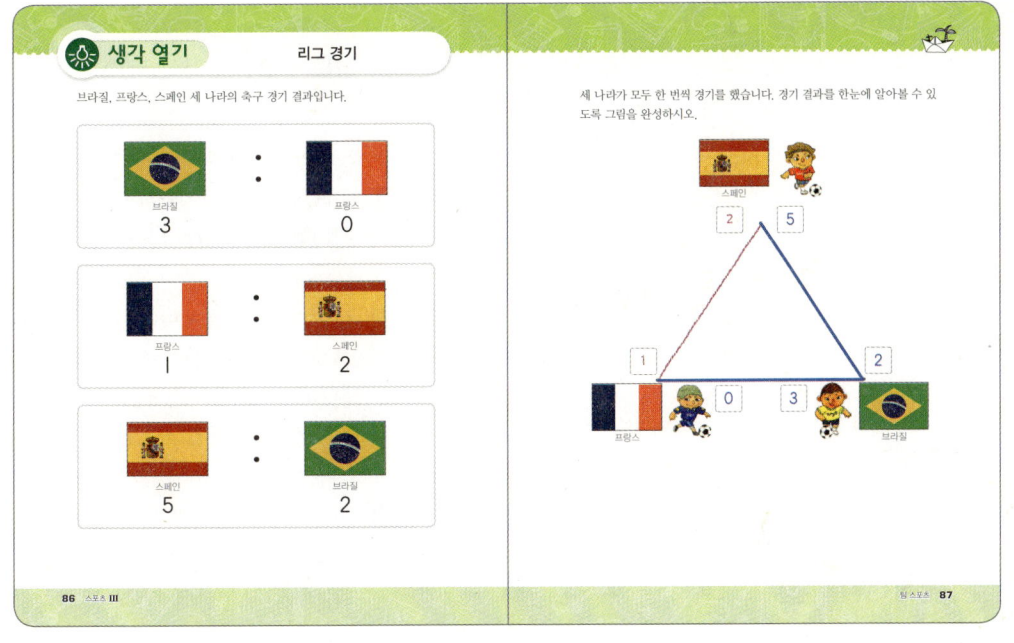

한 팀에 연결된 선의 개수가 두 개씩 있습니다. 한 팀이 두 번씩 경기를 했습니다. 두 번 모두 이긴 나라와 한 번만 이긴 나라, 두 번 모두 진 나라를 찾아 이야기해 봅니다.

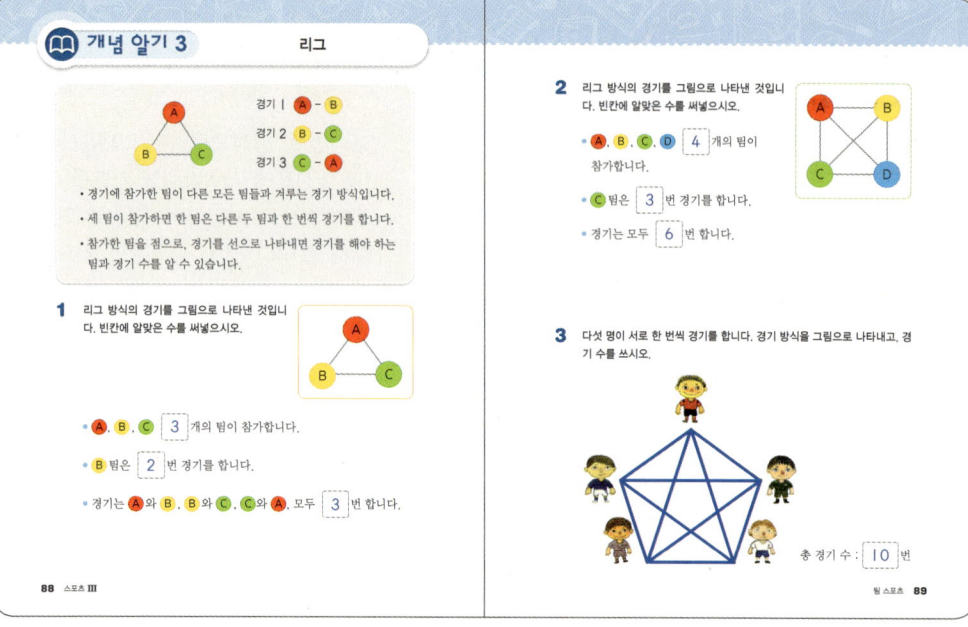

리그전 방식을 이해하고, 경기를 그림으로 나타냅니다.

**1** 세 팀이 리그 방식으로 경기할 때, 각 팀의 경기 수와 총 경기 수를 구합니다.

**2** 네 팀이 리그 방식으로 경기할 때, 각 팀의 경기 수와 총 경기 수를 구합니다.

**3** 다섯 팀이 리그 방식으로 경기할 때, 총 경기 수를 그림으로 나타내어 알아봅니다.

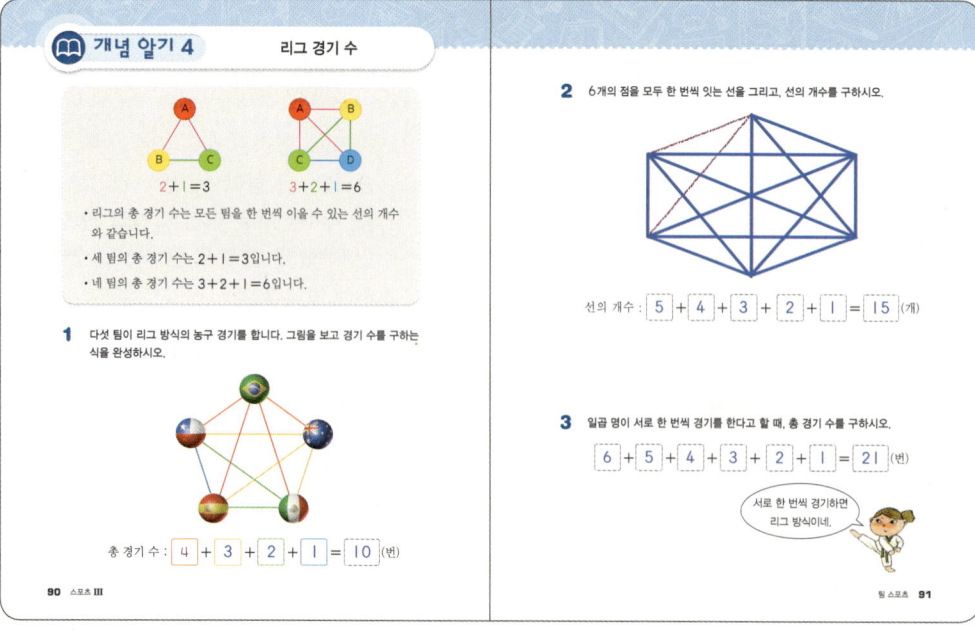

리그 경기 수를 식을 사용하여 구합니다.

**1** 공 5개를 서로 한 번씩 빠짐없이 연결합니다. 선의 개수가 4+3+2+1=10(개)이므로, 경기 수도 10번입니다.

**2** 모든 점에 연결된 선의 개수가 5개가 아니라 하나씩 줄어드는 이유는 이미 그어진 점과는 선을 연결하지 않기 때문입니다. 선의 개수는 5+4+3+2+1=15(개)입니다.

**3** 일곱 명이 리그전을 할 때의 경기 수는 1부터 6까지의 합을 구한 것과 같습니다.

## 스토리텔링 창의수학

**1** [선의 수]
점과 점을 모두 한 번씩 잇는 선을 그리고, 선의 개수를 구하시오.

| 점의 개수 | 선 그리기 | 선의 개수 |
|---|---|---|
| 2개 | | 1개 |
| 3개 | | 3개 |
| 4개 | | 6개 |

**2** [안테나]
우리나라의 다섯 지역 중 두 지역의 안테나를 연결하면 방송을 함께 볼 수 있다고 합니다. 두 지역을 모두 한 번씩 선으로 연결하고, 선의 개수를 구하시오.

선의 개수 : 10 개

### 92 · 93

**1** 점을 서로 연결하는 것은 모든 팀이 한 번씩 경기하는 리그 방식과 같습니다. 차례를 정하여 선을 그어 보고, 모든 점에서 같은 개수만큼 선이 연결되어 있는지 확인합니다.

**2** 안테나 순서를 정하여 하나씩 연결하여 선의 개수를 셉니다. 다섯 지역에 연결된 선의 개수는 10개입니다. 만약 6, 7개의 안테나가 있다면 연결된 선의 개수는 몇 개일지 이야기해 봅니다.

## 스토리텔링 창의수학

**3** [탁구]
두 사람이 한 팀이 되어 경기하는 복식 탁구를 하기 전 서로 악수를 하려고 합니다. 같은 팀끼리는 악수하지 않고, 상대 팀과는 모두 한 번씩 악수를 합니다. 악수하는 사람끼리 선으로 연결하시오.

**4** [미식 축구]
스포츠에서는 정당한 대결을 하자는 뜻으로 경기 전 각 팀의 주장끼리 서로 악수를 합니다. 미식 축구 경기 전 네 팀의 주장들이 악수를 하려고 합니다. 악수하는 사람끼리 선으로 연결하고 악수는 모두 몇 번을 하게 되는지 구하시오.

악수는 모두 6 번 합니다.

Tip 악수를 하는 횟수와 리그전의 경기 수가 같습니다.

### 94 · 95

**3** 같은 팀 선수와는 악수하지 않는다는 것에 주의하여 상대편 선수들과 연결합니다. 악수는 총 4번 했습니다. 만약 모든 선수가 악수를 한다면 몇 번 하게 되는지 구하여 비교해 봅니다.

**4** 순서를 정하여 한 명씩 선으로 연결하고 중복되지 않게 선 개수를 셉니다. 각 주장들은 3번씩 악수를 했으며, 악수를 한 횟수는 총 3+2+1=6(번)입니다.

# Ⅳ 목표물 맞히기 스포츠

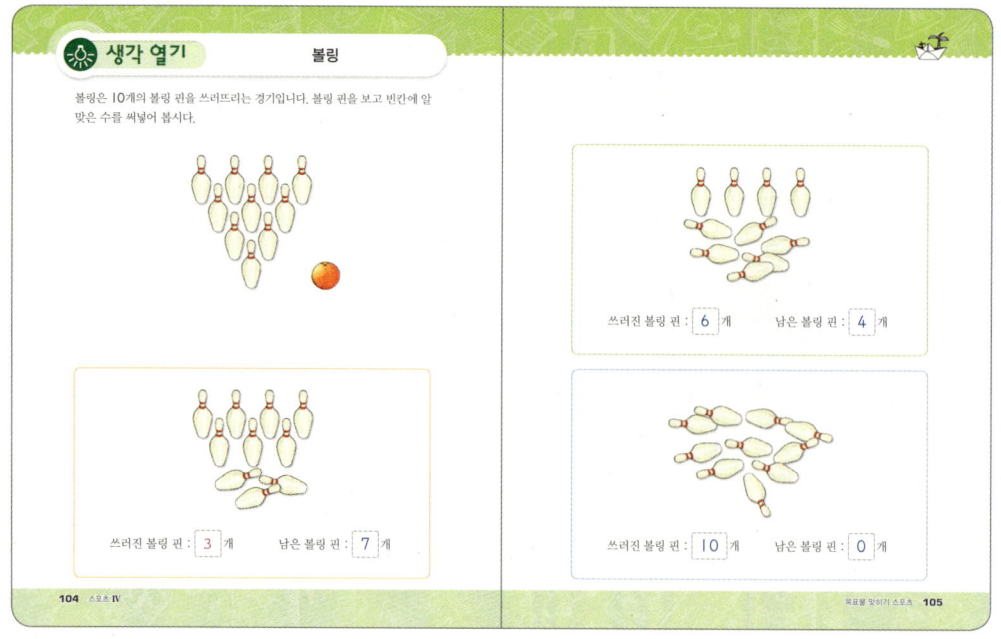

**생각 열기**     볼링

볼링은 10개의 볼링 핀을 쓰러뜨리는 경기입니다. 볼링 핀을 보고 빈칸에 알맞은 수를 써넣어 봅시다.

쓰러진 볼링 핀 : 3 개    남은 볼링 핀 : 7 개

쓰러진 볼링 핀 : 6 개    남은 볼링 핀 : 4 개

쓰러진 볼링 핀 : 10 개    남은 볼링 핀 : 0 개

**104 · 105**

볼링 경기 방법을 이해하고, 쓰러진 핀의 개수를 세어 남은 핀의 수를 구합니다. 쓰러진 핀의 개수와 남은 핀의 개수를 더하면 항상 10이 되는 것을 알 수 있습니다. 쓰러진 핀이 1개, 2개, 4개, 5개, 7개, 8개일 때 남은 핀의 개수를 이야기해 봅니다.

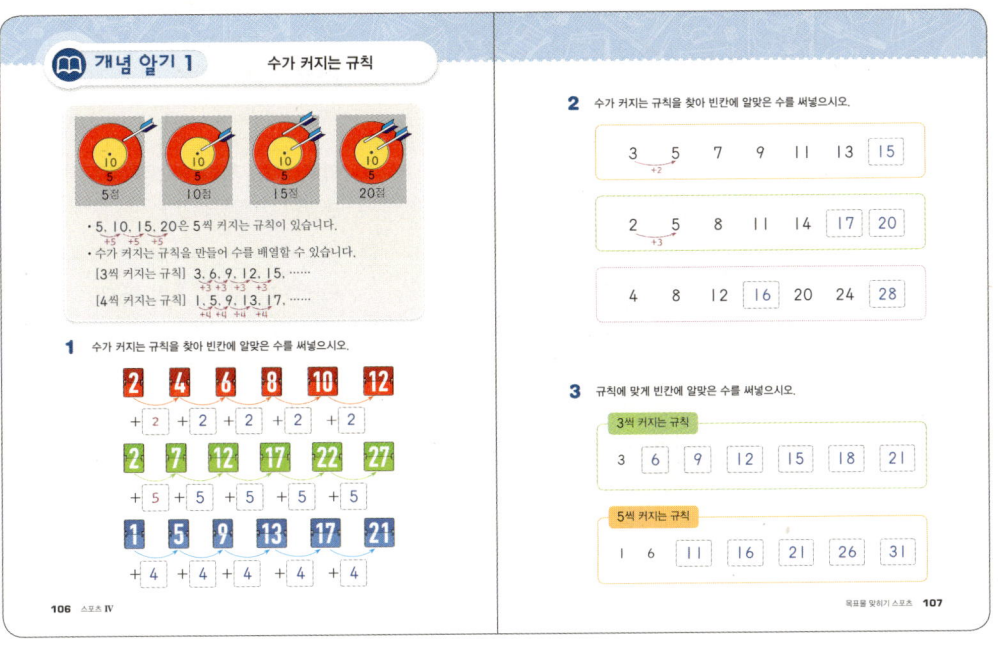

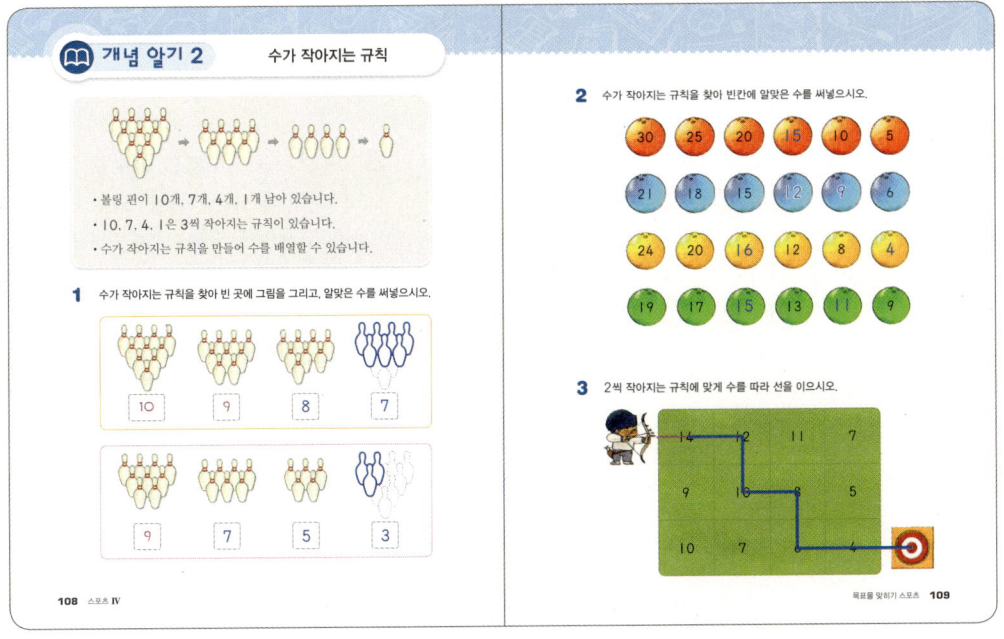

**106 · 107**

수가 커지는 규칙을 찾고, 규칙에 맞게 수를 배열합니다.

**1** 이웃하는 두 수의 차를 구해 수가 커지는 규칙을 찾게 합니다.

**2** 이웃하는 두 수의 차를 구해 수가 커지는 규칙을 찾고 빈칸에 알맞은 수를 씁니다.

**3** 주어진 규칙에 맞게 빈칸에 알맞은 수를 씁니다.

**108 · 109**

수가 작아지는 규칙을 찾고, 규칙에 맞게 수를 배열합니다.

**1** 볼링핀의 개수를 세어 빈칸을 채우고, 규칙을 찾아 마지막에 올 볼링핀의 개수를 나타냅니다.

**2** 이웃하는 두 수의 차를 구해 수가 작아지는 규칙을 찾습니다. 아이가 뺄셈을 어려워한다면 뒤에 있는 수부터 커지는 규칙을 찾아 빈칸을 채워도 좋습니다.

**3** 2씩 작아지는 규칙에 따라 차례로 선을 잇습니다.

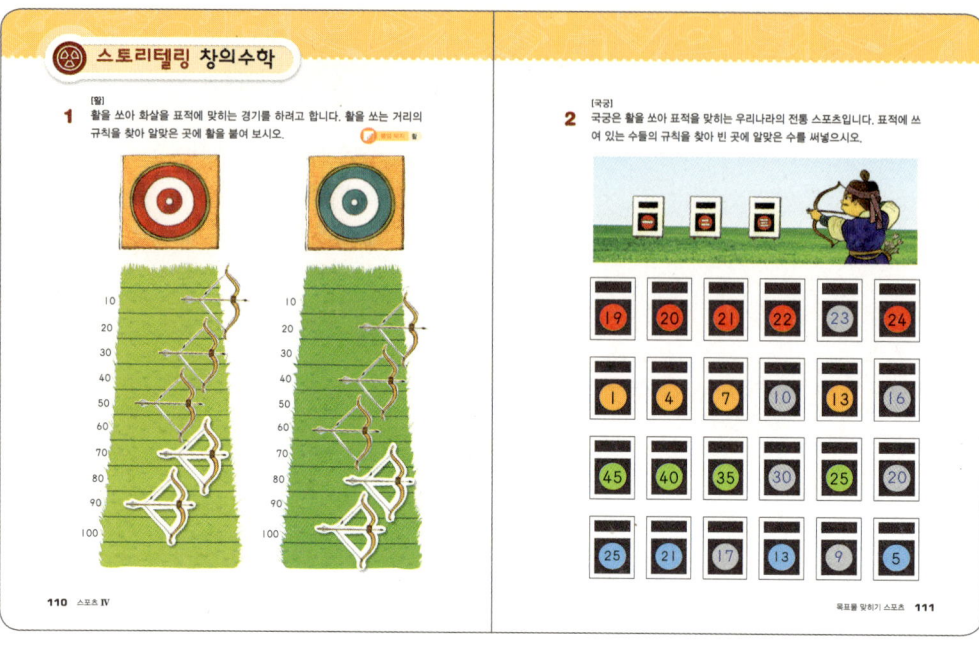

**1** 활을 쏘는 거리는 20씩 커지는 규칙을 가지고 있습니다.

**2** 표적의 색깔마다 규칙이 다릅니다. 1씩 커지는 규칙, 3씩 커지는 규칙, 5씩 작아지는 규칙, 4씩 작아지는 규칙을 찾아 빈 곳에 알맞은 수를 써넣게 합니다.

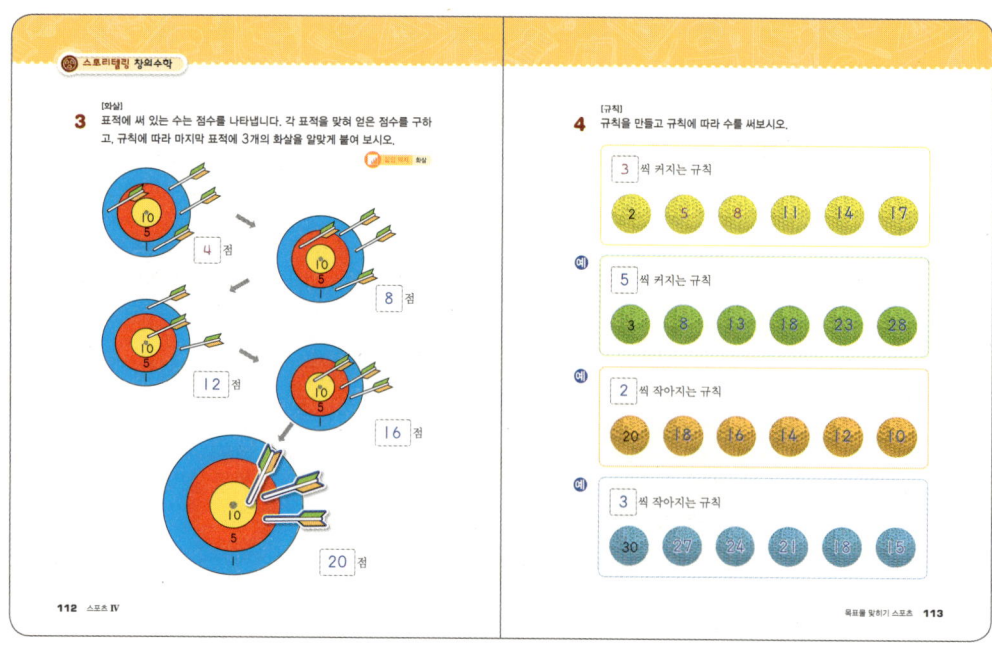

**3** 화살이 꽂힌 부분의 점수를 한 번에 더하면 좋지만, 10점, 5점, 1점짜리를 각각 따로 구한 다음 더해도 좋습니다. 점수를 보고 4씩 커지는 규칙을 찾아 화살 3개로 20점을 만들고 난 후, 화살 2개나 화살 4개로 20점을 만드는 방법도 찾아봅니다.

**4** 몇씩 커지는 규칙, 몇씩 작아지는 규칙을 직접 만들어 수를 배열해 봅니다.

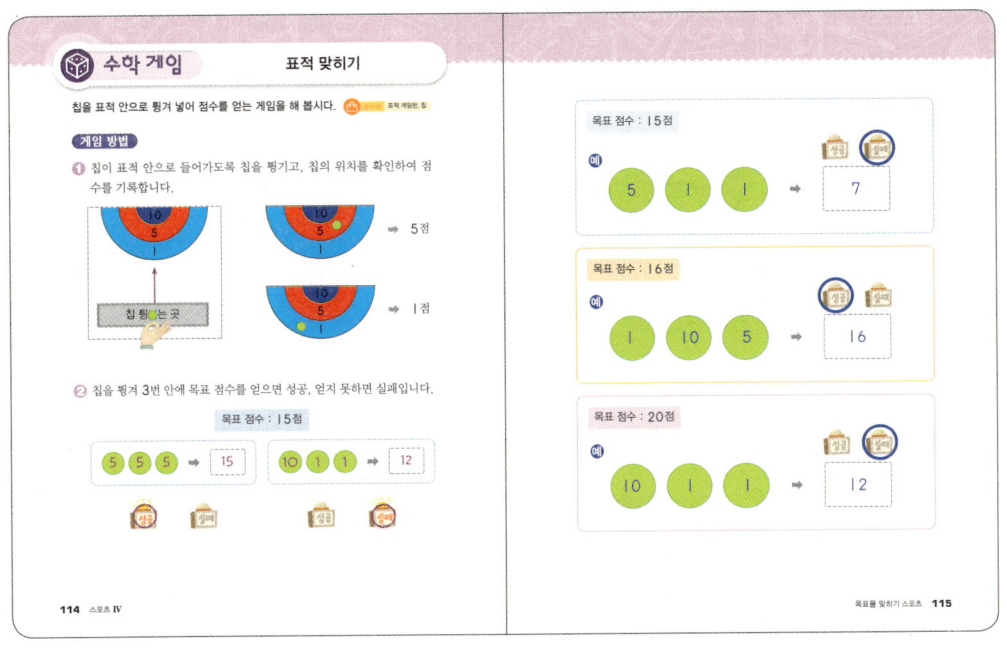

## 114 · 115

점수 계산을 하며 원하는 점수를 얻을 수 있도록 칩을 튕겨야 합니다. 16점을 만들기 위해서는 10점, 5점, 1점을 얻어야 하고, 20점을 만들기 위해서는 10점, 10점을 얻거나 10점, 5점, 5점을 얻어야 합니다. 아이가 자신이 원하는 점수가 무엇인지 알고, 집중력을 발휘해 그 점수를 얻을 수 있는지 확인해 봅니다.

## 116 · 117

빨간색, 파란색, 노란색으로 반복되는 규칙에 맞게 화살을 나열합니다. 빨간색은 1, 4, 7, 10, 13, ……, 파란색은 2, 5, 8, 11, 14, ……, 노란색은 3, 6, 9, 12, 15, ……처럼 화살 색깔마다 수를 써 보게 한 후, 각 화살마다 수의 규칙을 찾으면 모두 3씩 커지는 규칙이 있음을 알 수 있습니다.

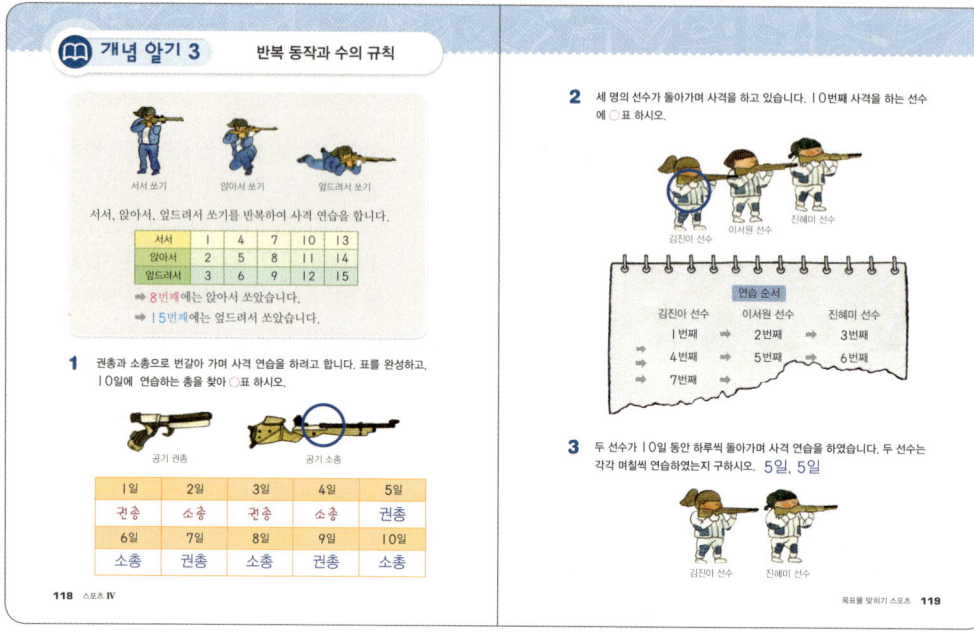

반복되는 동작에 번호를 붙여 규칙을 찾습니다.

**1** 표에 권총, 소총을 번갈아 가며 쓰면 쉽게 찾을 수 있습니다. 권총은 둘씩 짝지을 수 없는 수(홀수)일 때, 소총은 둘씩 짝지을 수 있는 수(짝수)일 때 연습한다는 것도 알 수 있습니다.

**2** 순서에 맞게 번호를 나열하면 김진아 선수는 1부터 3씩, 이서원 선수는 2부터 3씩, 진혜미 선수는 3부터 3씩 커지는 규칙을 찾을 수 있습니다.

**3** 10일은 둘로 똑같이 나눌 수 있는 짝수이므로 두 명이 연습하는 날수가 같음을 알 수 있습니다.

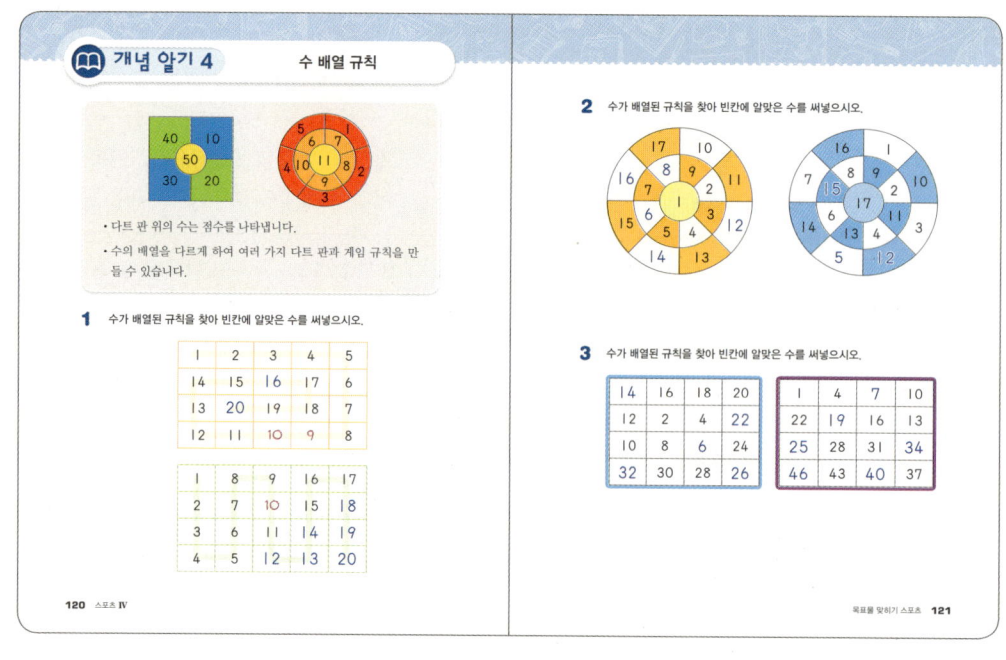

수 배열표에서 규칙을 찾고 빈칸을 채웁니다.

**1** 수를 배열할 때에는 규칙이 일정해야 합니다. 수의 순서대로 줄을 그어 수 배열이 그리는 모양을 확인해도 좋습니다.

**2** 안쪽에서 바깥쪽으로 수가 커지는 규칙과, 바깥쪽에서 안쪽으로 번갈아 가며 커지는 규칙을 찾습니다. 수 배열에 따라 선을 이어 그려진 모양으로 규칙을 이야기해 봅니다.

**3** 수가 커지는 방향과 뛰어 센 규칙을 찾아 빈 칸에 알맞은 수를 씁니다.

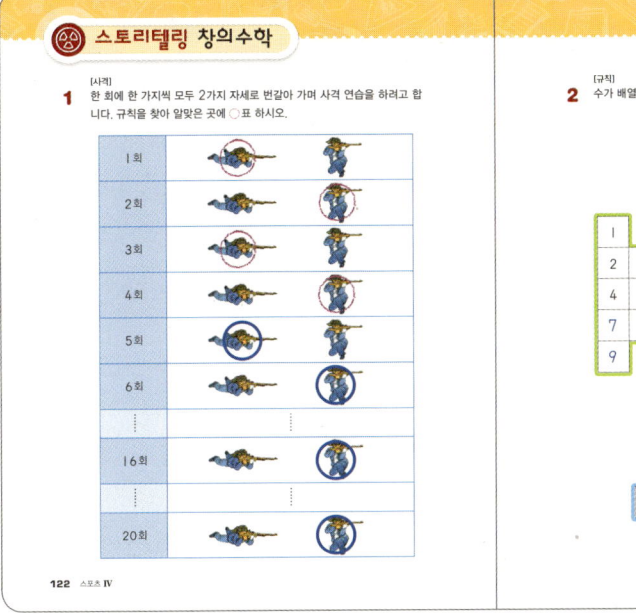

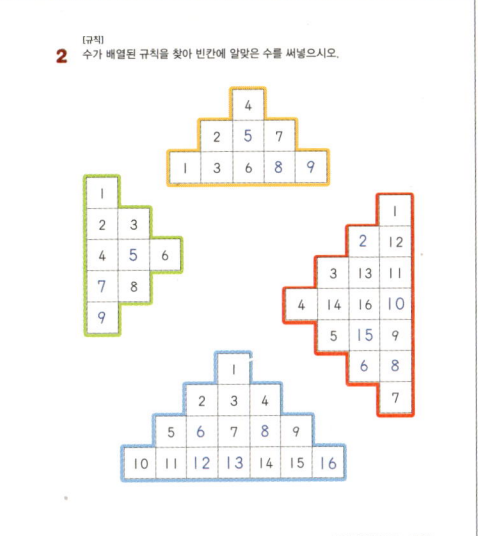

**1** 두 가지 자세가 반복되는 규칙을 알고, 표를 만들어 각 자세에 대응하는 수를 씁니다. 홀수일 때는 엎드린 자세, 짝수일 때는 앉은 자세라는 것을 알 수 있습니다.

**2** 수의 순서대로 선을 그으면 다음 수의 자리를 좀 더 쉽게 찾을 수 있습니다. 수 배열의 규칙을 모양으로 이야기해 봅니다.

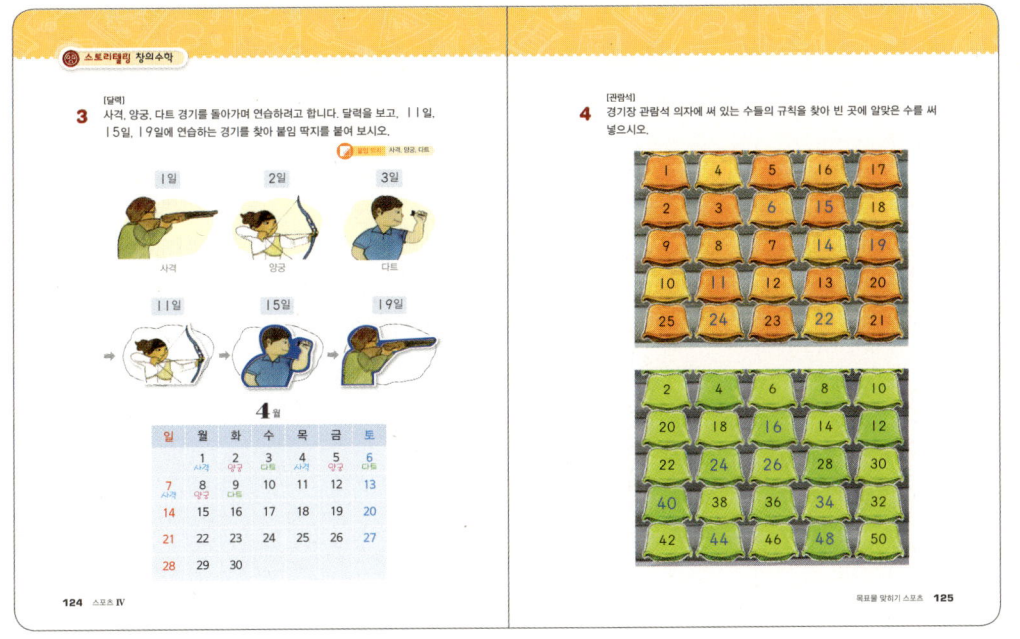

**3** 세 종목의 경기를 달력에 차례로 적어 주어진 날에 알맞은 경기를 찾거나 사격은 1부터 3씩, 양궁은 2부터 3씩, 다트는 3부터 3씩 커지는 규칙에 맞게 각 경기마다 날짜를 배열하여 주어진 날짜에 연습하는 경기를 찾습니다.

**4** 수가 1씩 커지는 규칙, 2씩 커지는 규칙이 있습니다. 수의 순서에 따라 선으로 이어 모양으로 수 배열 규칙을 이야기해 봅니다.

**MEMO**

MEMO

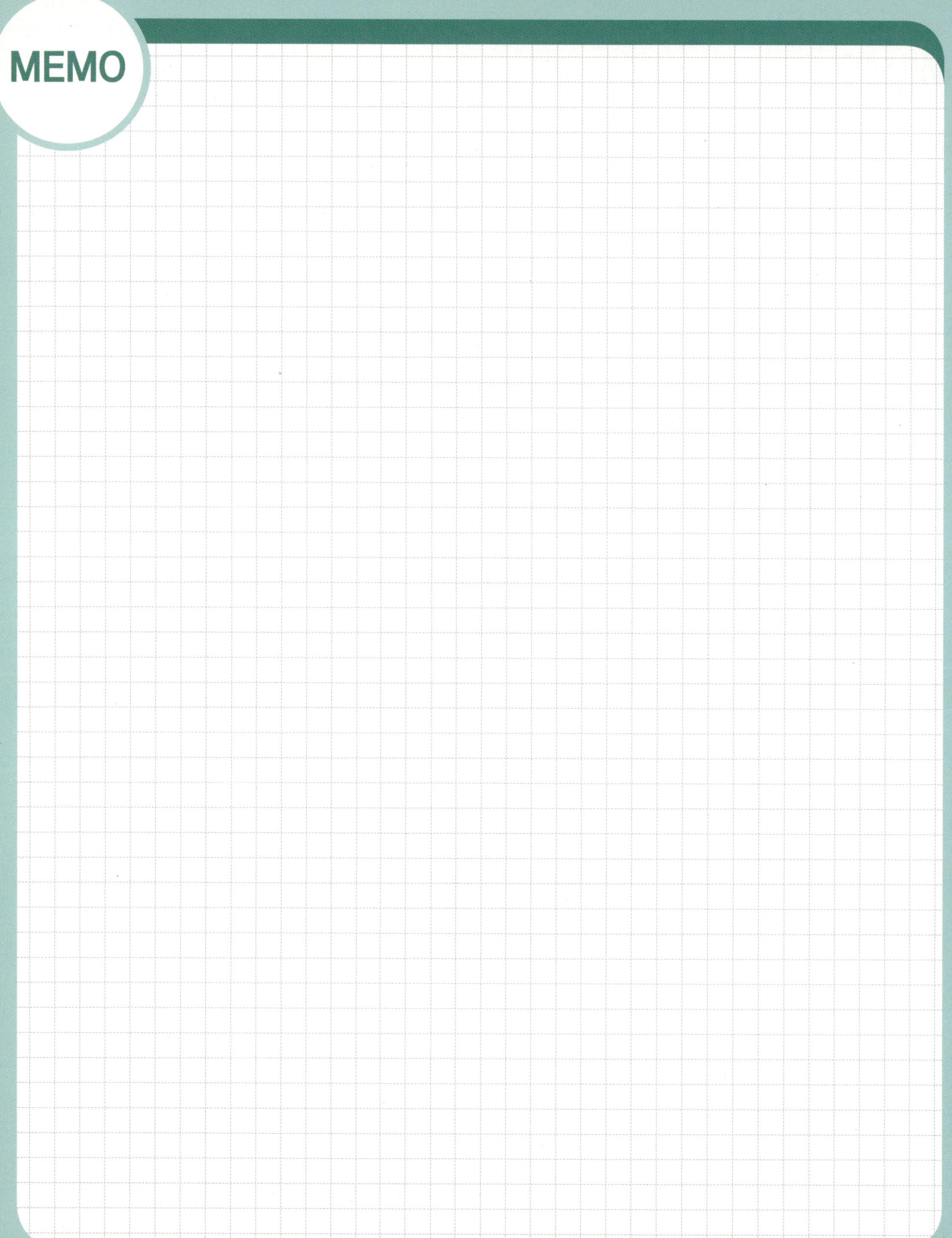

**MEMO**

우리 아이의 수학적 잠재력을 깨워주는

창의력
수학 노크

B2 스포츠로
배우는 수학

창의력
수학

노크

B 단계